三訂 教職入門

未来の教師に向けて

古橋和夫［編］

矢 萩 恭 子
寺 田 博 行
夏 秋 英 房
西 　 智 子
塚 本 美 知 子
森 田 司 郎
野 上 遊 夏
細 戸 一 佳
吉 田 佐 治 子
柴 山 英 樹
田 口 康 明
中 村 　 裕
大 沢 　 裕

萌文書林

三訂版　まえがき

　近年，社会・経済のグローバル化と急速な情報化や技術革新は，わたしたちの生活と社会に大きな影響を与えています。こうした社会的変化によって，保育と教育の分野も新たな課題に直面しています。2017（平成29）年3月の幼稚園教育要領と学習指導要領の改訂によって提起された資質・能力の3つの柱は，そのひとつの答えでした。「何を知っているか，何ができるか（個別の知識・技能）」「知っていること・できることをどう使うか（思考力・判断力・表現力等）」「どのように社会・世界と関わり，よりよい人生を送るか（学びに向かう力，人間性等）」は，これからの保育と教育を方向づけるものです。

　資質・能力の3つの柱が提起された背景には，これからの社会を生き創造する子どもたちにとって，知識や技能の習得だけでは十分ではないという問題意識があります。社会・経済のグローバル化が進展するわが国において，主体的に判断しながら，他者とともに考え，課題を解決していく資質・能力をもった質の高い人材育成が不可欠になっています。忍耐力，自己制御，自尊心といった社会情動的スキルやいわゆる非認知的能力を身につけることの重要性も指摘されています。これからの学びは，知識や技能の習得とともに，「対話的な学び」「主体的な学び」，さらに問題発見・解決を念頭に置いた「深い学び」のなかで，次の学びに向かう力を育て，豊かな人間性を育むことが求められています。

　また，子どもと若者の健全な成長を支えるために，こども基本法（2022〔令和4〕年6月15日制定）が制定され，2023（令和5）年4月1日にこども家庭庁が発足しました。こども家庭庁は，「こども・若者がぶつかるさまざまな課題を解決し，大人が中心になって作ってきた社会を『こどもまんなか』社会へと作り変えていくための司令塔」です。「こども基本法の着実な施行」「こどもが健やかで安全・安心に成長できる環境の提供」「結婚・妊娠・出産・子育てに夢や希望を感じられる社会の実現，少子化の克

服」などの分野で取り組みが進められます。

　『教職入門』は，新しい学びを進めるという問題意識に立って，保育者や教師をめざそうとする学生のみなさんが，理解しやすく，おもしろいといってくれるような本になるようにつとめました。この本の執筆者は，現在，大学や短期大学などで，保育や教育に関する研究や学生の指導にあたっている教育者・研究者たちです。保育と教育の動向を踏まえ，最新の内容を盛り込み執筆しました。難しいところもあるかもしれませんが，それを課題として，さらに深く学んでいくことを期待します。この本で得た知識をみなさんのいままでの知識や経験と関連づけたり，他者との対話を通じて自分の考えを再考しながら，さまざまな場面で活用できる身についた「わたし」の知識・技能にしてほしいと思います。人に言われてする学びではなく，「わたし」という主人公のある学びを進めていってください。

　ドイツの著名な指揮者フルトヴェングラーは，著書『音楽ノート』のなかで「人間的感動の大部分は人間の内部にあるのではなく，人と人との間にある」（芦津丈夫訳，白水社）と書いています。みなさんが目指す教職の世界も，人と人との結びつきから，また子どもの成長から大きな感動が生まれる世界です。この本を手にとった多くの方が保育と教育の世界に進まれることを期待します。

　最後になりましたが，この本の企画・編集より終始お世話になりました萌文書林の赤荻泰輔氏に厚くお礼を申しあげます。

　2024年2月

編者　古橋　和夫

初版・改訂版 まえがき

「あまい　あまい　かぶになれ。
　おおきな　おおきな　かぶになれ」

　『おきなかぶ』（福音館書店）のおじいさんの言葉です。この絵本は，小学校１年生の国語教材にもなっていますから，今では誰でも知っているお話です。

　さて，「あまい　おおきな　かぶ」を子どもの喩えとして読んでみましょう。おじいさんのこの言葉は，私たちが目指すべき子ども像を示しているようです。おいしいかぶを願うおじいさんと同様，私たちの願いも心やさしい大きな子どもに育ってほしいというものです。

　また，かこ・さとしさんの『よわいかみ つよいかたち』（童心社）という科学の絵本があります。いらなくなったハガキを，縦に２つに切って，その１枚で紙の橋をつくります。この紙の橋に10円玉を何個乗せることができるのかという簡単な力学を紹介した絵本ですが，教育とは何かということも教えてくれます。

　１枚の紙は，10円玉を３枚しか乗せることができません。しかし，ハガキの両端を１センチほど折り曲げた紙の橋は，10円玉を30個以上乗せても，まだ大丈夫です。１枚では弱い紙も形や置き方を変えると強度が違ってくるのです。紙を折ったり重ねたりすることで，隠れて見えなかった性質や機能が現れたのです。

　「まったく同じ物質材料が，そのおかれた状態，周囲との関係によって，異なった性質，機能に転化する」（かこ・さとし）という自然に対する認識は，同時に子どもを見る見方にも通じているようです。折り曲げることで紙の新しい性質が現れたように，子どもも周囲の状態や関係が変われば新しい可能性を実現するということです。

　では，どのような環境や条件を与えたらよいのでしょうか。どのような

環境と条件を組織すれば，子どもはどのような姿を現すのでしょうか。教師を目指すみなさんが，この『教職入門』を通して考えてもらいたいところは，ここです。教育とは，ある意味で環境を構成し，条件を設定することであるといえるでしょう。教材，教具，授業，遊びのなかで，教師としてのあなた自身を含め，子どもたちとのさまざまな縁をつくることだといえます。

　本書は，教育とは何か，子どもにとって教師とは，教師の歴史，指導の方法とその考え方，カウンセリングマインド，教師の職務内容など教職についての理解を深めながら，どのような教師として成長したらよいのかという「問い」に自分で答えを見つけようとするみなさんの一助になればという願いでつくられました。

　この改訂版は，こうした問題意識に立って学校教育法の改正や学力問題等，最近の教育の流れをふまえて，関連する内容や基本的数値を新しくしたものになってきています。

　そして，教職について深く学び，みなさん自身が「あまい　おおきな」人間になってほしいと心より願っています。

　最後になりましたが，企画や編集に適切な助言を与えてくださった萌文書林の編集部のみなさんに心より感謝します。

　　2009年10月

編 者　古橋 和夫

●●● もくじ ●●●

第1部

教育とは何か

第2部

子どもの生活と援助

第5章
幼稚園・保育所・認定こども園の生活と遊び … 62

第6章
小学校での学習と専科教員 …………………………… 97

第3部
学校を支える人々とその仕事

第7章
学校にかかわりをもつ人々 ——チームとしての学校 …… 130

第8章
カウンセリングマインド ……………………………………………… 144

第1部

教育とは何か

　教育とは何か。子どもをどう見るのか。教師のよさや特色とは何か。子どもを教え指導するとはどういうことなのか。また，近代的な学校制度が創設されてから，教師の歴史はどのようなものだったのか。

　ここで学ぶことは，教育と教師の在り方の根本にかかわることである。成長助成の教育，伝達と形成の教育，覚醒の教育など教育の本質に関する論が展開されている。第1部を学ぶなかで，子どもを育てることは教師としての自分を育てることであるということに気づいてほしい。教職の喜びを発見し，教育を考える羅針盤を自分のなかにつくることを目的にして学んでいこう。

第1章 教育とは何か
——未来の教師に向けて

§1 「教育」について考える

1.「かぼちゃのつるが」の詩と教育

　教育とは何か。誰でも教育がどのようなものであるかを知っている。しかし，教育を体験し知っていることは，それを理解していることとは別のことである。ソクラテスは，「知っているとは言葉できちんと説明できること」と言ったが，私たちも「教育とは何か」ということをしっかりと説明できることを目指していくことにしよう。

　ここでは，教育とは何かについて，「成長助成の教育観」，「伝達と形成の教育観」，「覚醒の教育観」の3つに分けて説明することにする。

　しかし，まずは「かぼちゃのつるが」という詩を通して子どもと教育について考えてみよう。

かぼちゃのつるが　　　　　　　　　　原田直友

かぼちゃのつるが
はい上がり
はい上がり
葉をひろげ
葉をひろげ
はい上がり
葉をひろげ
細い先は
竹をしっかりにぎって
屋根の上に
はい上がり
短くなった竹の上に
はい上がり
小さなその先たんは
いっせいに
赤子のような手を開いて
ああ　今
空をつかもうとしている

　この詩は，句読点がなく，切れ目なくつづく 1 行の文でできている。 1 つの文でできあがった詩の形から，かぼちゃのつるが休みなく伸びていく様子を読者は想像することができるであろう。ひたむきに成長しつづけるかぼちゃのつるのイメージが，詩の形になっている。

　また，「にぎって」「手を開いて」「つかもうとしている」という擬人化と「赤子のような」という比喩表現から，かぼちゃのつるは人間のイメージと重なってくる。「かぼちゃのつる」に「子ども」のイメージを重ね合わせて読んでみてほしい。詩の世界がさらに豊かにふくらんでくるであろう。

　ところで，詩の中ほどに「竹をしっかりにぎって」という 1 行があるが，この「竹」はいったい誰が添えてあげたものなのだろうか。

　詩には描かれていないが，誰かがこの「竹」を添えてあげたことがわかる。もしこの「竹」がなかったとしたら，「かぼちゃのつる」は自分の力で屋根の上へのぼることができなかったであろう。自分だけではできないことも，このような「竹」を手がかりにすることで可能になる。

　私たちは自分の力で生きていくのではあるが，自力には限界があるといえる。父母，家族，友達，仲間，教師という他者の力が必要である。「かぼちゃのつる」（子ども）は，今この「竹」を手がかりにして，屋根の上まで伸び，空をつかむまでに成長したのである。

　子どもは，「かぼちゃのつる」と同じように活動的な存在である。自力で伸びる力をもっている。子どもは，ある意味で未熟であるが，それは何かを欠いているというのではなく，成長の可能性を意味している。子どもは，他者と出会い，いろいろなものとの関係において，自分の可能性をさまざまに実現している。そして，子どもが無限の可能性をもち，変っていくということを教育は前提としているのである。

　教職を目指す私たちが，教育の内容や方法，教育の課程，子どもの発達と心理を学ぶのは，「かぼちゃのつる」の成長に合わせて「竹」を添えてあげた人と同じように，子どもの豊かな反応を引き出すような出会いを組織することができるようになるためである。

　子どもの現在の姿と活動に結びつき，子どもを今ある世界，今ある認識の状態より，一段と高いところへ引き上げることが教師の課題である。引き上げるというのは，子どもが体験していない世界，認識していない問題に向けてということである。教師は価値ある世界を子どもの前に開いてやるのでなければならない。教師の側からそれを投げかけることによって，屋根の上の広い空を見つけ，つかもうとした「かぼちゃのつる」と同じように，子どもは "ある発見" をするということになるのである。

2．成長助成の教育観——「育てる」教育

> 「人々は子供時代とはどういうものであるかということをちっとも
> 知らない。昔ながらの間違った考えをしているものだから，教育す
> ればするほどいよいよ子供というものがわからなくなってしまう。
> もっとも聡明といわれている人々でさえ，子供の学習能力を考慮に
> いれないで，おとなにとって大切なことを子供に一所懸命教えてい
> る。かれらはいつも子供をおとなに近づけることにばかり夢中になっ
> ていて，おとなになるまでの子供の状態がどんなものであるかを考
> えてみようとはしない」

（ルソー，長尾十三二他訳『エミール』明治図書，1967）

　教育とは，「かぼちゃのつる」の成長を助ける行為と同じようなもので
あると考える立場がある。「育てる」ことを重視する教育観である。こう
した考えはルソーやフレーベルに代表される教育観である。

　ルソー（Jean Jacques Rousseau，仏，1712-1778）は，『エミール』（1762）の
なかで，子どもの「自然」に基づく自然的成長主義の教育観を力強く主張
した。

　「創造主の手から出る時には，すべて善いものであるが，人間の手にか
かるとそれらがみな例外なく悪いものになってゆく」。『エミール』冒頭の
この有名な言葉は，子どもの自然性が本来は「善」であることを象徴的に
示すものである。

　ルソーはよく「子どもの発見者」であるといわれる。それは，子どもを
「小さな大人」としか見なかった子ども観を一変させたことにある。子ど
もは，それ自体，善いところの「自然」をもって生まれ，つねに創造的表
現をやめない存在である。たとえて言えば，今，地上にあらわれた双葉の
ような存在である。子どもの未熟さは，完成された姿から見られるべきで
はなく，むしろ精神のしなやかさ，発達の可能性として見ることを求めて

いる。大人が外から子どもを「善く」しようとして早くから干渉するのは，不必要であるばかりでなく，かえって有害であるとルソーは主張した。

　したがって，12歳までの教育は，知識を早くから教え込むことではなく，子どもにとって危険なものを取り除き，知識への興味を引き起こすことを目的としなければならないものであった。「子供時代をだまって成熟させなさい」というルソー独自の消極教育論である。

　『エミール』のルソーによれば，教育とは，外から与えられるものではなく内からの発展であり，子どもの自然の歩みにしたがって「人間をつくる技術」である。

　「成長者助成」の教育観を力強く推し進めたもう一人の人物が，幼稚園の創始者フレーベル（Friedrich Fröbel，独，1782-1852）である。

　フレーベルは，『人間の教育』（1826）のなかで，子どもの本質を神的なもの（永遠の創造性）としてとらえ，その無傷の展開を保護し助成しなければならないと主張した。

　子どもの創造的な自己活動に価値を見いだしたフレーベルは，そのための教育として，遊びと労働とを結びつけた幼児教育を提唱して実践した。そして，幼児期の遊びは，子どもの内なるものの自由な表現であり，あらゆる善の源泉であると高く評価された。彼は，また，子どもの創造性を引き出すための教育的遊具（「恩物」）も考案している。

　フレーベルは「人間という最も高貴な植物」とも述べており，子どもを植物，教育を栽培にたとえる植物比論（plant analogy）の考え方を随所に示している。

　1840年，フレーベルは幼児教育施設を「幼稚園」（Kindergarten）と命名したが，学校ではなく「園」と名づけたことにフレーベル教育思想のエッセンスがある。「成長」という観念を世に広く認めさせるうえで，彼の教育思想は大きな力を発揮することになった。

3．伝達と形成の教育観——「教える」教育

　「自分の傾向性を克服し，欲望を理性に従わせることを教えなさい。
これが達せられ，絶えず実行し習慣となれば，そのもっとも困難な
課題は終ったのです。子供をここまでにするには，称讃と推賞を受
けることを愛する気持ちが，もっとも役に立ちますので，このよう
な気持ちをあらゆる手段に訴えて子供に植付けねばなりません」

　　　　　　　（ロック，服部知文訳『教育に関する考察』岩波文庫，1967）

　教育とは，イギリスの哲学者ロック（John Locke 1632-1704）の上の言葉
に見るように，知識・技能の伝達であり，よい習慣を形成することである
と一般に考えられている。「教育とは，年長の世代から後続の世代への理
念的文化財の伝達である」（パウルゼン）という定義は，この教育観を代表
するものである。「教える」ことを重視した教育観である。

　私たちは，生まれたときから身のまわりにある文化財を自分のものにし
ようと努力しつづけている。ひらがなや漢字を覚え，読み方・書き方・数
え方を習い，科学や歴史の知識を学んできた。読書のように，進んで学ぶ
自己教育もあったことであろう。しかし，その多くは他者による教育であ
る。

　この教育観に立って子どもを見ると，さまざまなソフトをインストール
される前のコンピュータのようである。学ぶということは，過去に蓄積さ
れた知識や技能を習得することであり，そのための方法として教師による
教授はもっとも効果的なものである。そして，教育の目的は，子どものこ
ころと頭を豊かにし，将来の責任と成功に向けて準備してやることなので
ある。

　ロックは，『教育に関する考察』（1693）のなかで，こうした立場から紳
士を育成する教育論を論じた。

　「教育で留意されなければならぬ重要なことは，どんな習慣をつけるか

ということである」とロックは言う。彼は，徳育，体育，知育のそれぞれのレベルで，よい習慣の形成を目指したのである。徳育においては子どもの欲望や本能を早くから抑制することを，身体論においては鍛練を，また知性の教育においては理性的な思考習慣の形成を主張した。

また，ロックによれば，子どもは「ただ白紙にすぎない」。この精神白紙説（tabula rasa）の子ども観は，人間形成における幼児期と教育（環境）の重要性を教えるものであった。

さて，知識，技能，慣習，道徳などの「理念的文化財」は，絵画などの文化財とは違って，後続の世代（子ども）のこころと頭のなかに伝えられて，初めて次の時代に伝わるものである。この教育観は，たしかに子どもを受け身にし，教師による教授を強調しがちである。しかし，私たちは，さまざまな知識や文化を身につけることによって，人々と共に生きる，こころ豊かな人間になっていくことを考えると，知識・技能の伝達と習慣形成の教育は，教育の本質を正しく見つめた教育観であるといえるだろう。

4．覚醒の教育観 ── 自己の内面を見つめて

　　「僕と一緒になる者，僕と交わりを結ぶ者はというと，はじめこそ全然無知であると見える者もないではないが，しかしすべては，この交わりが進むにつれて，……驚くばかりの進歩をすることは疑いないのだ。それがしかも，これは明白のことなんだが，何ひとつ僕のところからいまだかつて学んだことがあったためではなく，自分で自分自身のところから多くの美事なものを発見し出産してのことなのだ。」

　　　　　　　（プラトン，田中美知太郎訳『テアイテトス』岩波文庫，1966）

この文章は，教育とは教えることではなく若者のなかから「美事なもの」を引き出す助産術であるというソクラテス（Sōkratēs，古代ギリシア，前470頃－前399）の考えをよく示している。

　精神の内面的充実を重視するこの教育観を，『ソクラテスの弁明』の一節を引きながら説明しよう。

　あるとき，ソクラテスの友人は，デルフォイにおもむき「ソクラテス以上の賢者はあるか」という問いに対する神託を求めた。そこの巫女は「ソクラテス以上の賢者なし」という神の答えを伝えた。しかし，自分が「無知」であることを深く自覚するソクラテスは，神のこの言葉にひどく驚き，その真意を明らかにしようとした。そして，当時賢者といわれる政治家や芸術家をたずね，自分より賢い人を探そうとつとめたのである。

　その結果，ソクラテスが得た事実は次のようなものだった。「私達は二人とも，善についても美についても何も知っていまいと思われるが，しかし，彼は何も知らないのに，何かを知っていると信じており，これに反して私は，何も知りもしないが，知っているとも思っていないからである。されば私は，少くとも自ら知らぬことを知っているとは思っていないかぎりにおいて，あの男よりも智慧の上で少しばかり優っているらしく思われる」。（プラトン，久保勉訳『ソクラテスの弁明』岩波文庫，1991）

　ソクラテスの「無知の自覚」のよく知られたエピソードである。

　その後，ソクラテスは，若者たちに向かって「魂」をできるだけ善くしようと配慮することこそ，真の幸福に結びつくものであると説いてまわった。それが「神託」に応える生き方であると考えたのである。ソクラテスは，あらゆる人々と問答することにより，自らの無知を悟らせ真の知を愛する者（哲学者）にすることを生涯をかけてする天職とした。

　ソクラテスの教育方法は，若者たちに「徳とは何か」ということを教えるものではなかった。ソクラテスは，善や美に関する議論のなかで問いを出し，相手の答えを吟味し，不十分なところを指摘し，また問いを出していくという方法をとったのである。ソクラテスの問いを手がかりとしながら，若者たちは自分の力で真の知識にたどりつくことが期待された。

　教育とは「善い」と思われている知識を外から相手に教え込むことではない。問答を通して，若者自身が内から「善さ」を思い出し生み出すものであると考えたのである。相手の魂のなかに眠っている真理をよびさまし，

それを取り出すという理由から，ソクラテスは自らの問答法を助産術と名づけた。

　次にあげるまど・みちおの詩「けしゴム」は，こうした教育観を語っているように思われる。

§2　「教師」について考える

1.「消すことでのこす」教育 ——子どもへの信頼

けしゴム　　　　　まど・みちお

自分が　書きちがえたのでもないが
いそいそと　けす

自分が書いた　ウソでもないが
いそいそと　けす

自分がよごした　よごれでもないが
いそいそと　けす

そして　けすたびに
けっきょく　自分がちびていって
きえて　なくなってしまう
いそいそと　いそいそと

正しいと　思ったことだけを
ほんとうと　思ったことだけを

　　美しいと　思ったことだけを
　　自分のかわりのように　のこしておいて

　題材は「けしゴム」であるが，けしゴムを人間のように見立てている詩である。人間の生き方，またソクラテスについて考えさせられる。「きえて　なくなってしまう」ことは，同時に「正しい」「ほんとう」「美しい」ことを「のこす」ことであるという真実がうたわれている。

　子どもは，たとえて言えば，自分の心と周囲にさまざまなことを書き込む「えんぴつ」である。子どもは，未来に向かって価値あるものを創り出すものであるが，ときとして，あやまりを犯すことがある。間違った知識や信念にとらわれていることがある。

　けしゴムは，自分がした「書きちがえ」「ウソ」「よごれ」でもないのに，それを「いそいそと　けす」。「いそいそと」いうのは，けっしていやがってしているような言葉ではない。けしゴムも，えんぴつとは違ったやり方で，人間にとって価値のあるものごと（真善美）を生み出すのを手助けしているのである。ソクラテスが問答法でしたように，子どもの心のなかに眠っている真理をよびさますのである。

　ところで，あやまちを消すことで価値あるものを残すということは，真善美という価値あるものが，もともと相手のなかにあったということを示している。ソクラテスが考えたように，子どもたちは生まれつき「善さ」について知っているということが前提になっている。「善さ」を求めて生きようとする人間への信頼がここにあるといえるであろう。

２．教　　師 —— 子どもの心のドラマに敏感な人

　「教育とは何か」ということを，「成長助成の教育」，「伝達と形成の教育」，「覚醒の教育」の３つの教育観から説明してきた。

　教育とは，未成熟な子どもをある望ましい成熟の姿にまで助成し指導する働きとみると，３つの教育は子どもが自己を形成する過程において密

接不可分にかかわっていることがわかる。

　乳幼児期には，「成長」する力をさらにつけてやることが，子どもを見守る者の主たる役目である。児童・生徒期には，文化・社会に向けて，子どもの目をさらに広げてやること，すなわち「理念的文化財の伝達」が中心的な仕事となるであろう。青年期は，「どのように生きるのか」という自己の内面と向き合う大切な時期である。「覚醒の教育」が求められるときである。

　しかし，どの段階においても，3つの教育は有機的に結びついていかなければならないであろう。子どもが，心身の健康，言葉，知識，技能，表現，感情，思考そして人間関係などを，どの時期においてもさらに広い範囲，より高い段階，いっそう確かな程度に自らつくりあげていく主体者となるように助けることが，教育者の仕事にほかならない。

　ソクラテスは，自分を教師とはよばせずに若者たちの仲間であるといったが，現代の教師も子どもの心の内にあるドラマに敏感な人であり，子どもたちの仲間である。

　教師は，子どもを客観的に観察することによって，子どもとは何か，その本質を認識するということを考えてはならない。「かぼちゃのつる」を育てるために「竹」を添えた人物のように，子どもへの愛に基づいて育てるという働きかけのなかで，子どもの本質に迫って，子どもと教育への認識を深めていくことである。子どもを育てるという実践的な立場に立つことが必要である。

　子どもをすばらしい人間に育てたいと願い，どのように変えるのかという具体的な目的のなかでこそ，子どもに対する深い認識が生まれるといえるであろう。そして，子どもの成長をやさしく包み育てることで，教師としての私は自分の形をもつのである。

【参考文献】

1）プラトン／田中美知太郎訳『テアイテトス』岩波文庫，1966

2）プラトン／久保勉訳『ソクラテスの弁明』岩波文庫，1991

3）ロック／服部知文訳『教育に関する考察』岩波文庫，1967

4）ルソー／長尾十三二他訳『エミール』明治図書，1967

5）フレーベル／荒井武訳『人間の教育』岩波文庫，1964

6）松島鈞編『現代学校教育要論』日本文化科学社，2002

7）森昭『教育人間学』黎明書房，1961

8）村井実『教育思想（上）（下）』東洋館出版社，1993

第2章 教職とは何か

§1 なぜ教師になりたいか

1. 教職を目指す学生の動機

はじめに「教職」とは，幼児・児童・生徒・学生を教育する職務のことである。そして，教職を志望する学生のために，大学や短期大学などの課程認定大学において，教育職員免許法に基づき，教員免許状が取得できるように開設された教育課程のことを「教職課程」という。

そうした教職課程をもつ大学や短期大学などの授業で，筆者が，幼稚園教諭を目指している学生に「なぜ教師（保育者）を目指しているのですか」という質問をすると，もっとも多いのは，「子どもが好きだから」という回答である。ほかには，「自分が子どものころの先生が優しくしてくれた」「子どものころからの夢だった」といった夢や憧れをあげた答えや，「小さいころからきょうだいやいとこなど年下の子どもの面倒を見るのが好きだった」「中学校や高校で職場体験に行ったことがきっかけで」などと，過去の経験を理由に述べる答えもある。

これらの回答には，保育者が向いていると親や高校の教員に勧められた

という動機が補足されることもしばしばである。また，すでに教育実習を経験した学年の学生に聞くと，「子どもの成長や発達を助ける役割を果たしたいから」「子育て中の母親を支えたいから」といった使命感に言及した意見などが出てくる。

　教職志望学生を対象にしたある研究[1]では，「子どもを教えるのが好きだから」「親や親類に勧められて」という回答がもっとも多く，「教員の給与は安定しているので」「自分の性格にあっているから」などがこれに続くという調査結果が報告されている。さらに，小学校・中学校・高等学校・養護学校などの教員採用試験に内定した教育学部の学生に行ったアンケート調査[2]で教師志望動機をたずねたところ，「子どもが好き」がやはりもっとも強い動機であり，「教師は重要な職業である」「恩師の生き方へのあこがれ」「教師へのあこがれ」「性格が教師向き」「子どもとの活動に充実感を感じる」などがそれに続いている。

　ほかにも，教員養成大学の1，2年生を対象とした別の研究[3]で，教師という職業に就くことにどれだけの魅力を感じているかを聞き，因子分析を行ったところ，「仕事にやりがいがありそうであること」「好きなことや興味にあった仕事ができそうであること」「学級や授業を楽しくすることができそうであること」「子どもと接していけること」「子どもの成長の援助ができそうであること」などを始めとした14項目が抽出されている。

　このように，学生が教職（教師や保育者）を志す動機や，教職に抱く魅力には，何と言っても“子ども”という存在の魅力にひきつけられる若者の姿がある。それと同時に，教育という仕事のやりがいや価値，自分自身の適性などを感じている。もっとも，教職を志す学生に限らなくとも，誰しもが，自分自身の子ども時代をもち，自分なりの子ども像，つまり，「子ども観」を宿しているはずである。その子ども観に基づき，さらに，教育や教職について専門的に学ぶことにより，それぞれが自分自身のなかに改めて「教育観」や「保育観」を築き育てていく，それが教職課程の養成期間であるといえよう。

2．教職という仕事とその使命

（1）教職をめざすということ

　教職とは何かを考えるとき，第1章でも述べられているように教育とは何かを考えることを抜きにはできない。教育という人間の営みをどのように捉えるかによって，教職に対する考え方も違ってくるからである。

　ここで，教育についての辞書的定義について改めて見ておこう。広義には，「人間形成に作用するすべての精神的影響」，狭義には，「意識的に人間形成に働きかける過程または社会機能」とある[4]。あるいは，教育（education）の語義が，educere（＝外へ引き出す）と，educare（＝外から滋養を与える）という2つの側面をもつことから，この両面を包含した「子ども（人間）をそれ以前の状態から脱皮させる働きかけ」であるという説明もある[5]。

　さらに，「子ども（あるいは若い世代）を善くしようとするはたらきかけである」とする定義がある[6]一方で，教育は，一人一人の人間に何らかの（よい）変化を与えようとする営みであるのみならず，一人一人の人間に変化（自己変革）への刺激を与えることをとおして社会そのもののありようにも責任をもち，これに（よい）影響を与えようとする社会過程であるとして，家庭や学校にとどまらず，社会や国家，世界との関係という人間の生きる環境全体から捉える考え方もある[7]。

　教育についての以上のようなさまざまな捉え方をみた上で，教職について考えてみると，やはり，変化する社会状況や環境の変化と切り離して捉えることは難しいということがいえるだろう。それらによって，教師に求められる資質や専門性も変化してきている。

　とくに，急速な情報化やグローバル社会の進展，人工知能の日常生活への活用など，現在，目覚ましく科学技術が振興している。一方では，人と人との絆やつながりが機能しにくくなっている現代の日本の社会状況があ

る。このようななかで，教育をどうしていくかは，喫緊の課題である。少子高齢社会，人口減少社会の日本において，10年先，20年先の未来を生きる子どもたちには，この予測困難な時代の変化や状況に対応して，そこに生じる新たな課題に対応していける力を育てることが急務となっているのである。

　そのため，知識や技能だけではなく，一人一人の思考力，判断力，表現力などを育成することが求められていると同時に，学んだことを人生や社会に活かして，いかによりよい生活を営むかという力，人間性などが，子どもたちに育てられるべき資質・能力として，2017（平成29）年に告示された学習指導要領，幼稚園教育要領に新たに位置づけ直されたのである[8]。

　この改訂に向かう流れにおいて，教職とは，教師や保育者が，専門的な知識や技術を使って，子どもに対して一方的に「教えてあげたり」「遊んであげたり」する行為でないことは，すでに指摘されてきていた。たとえば，幼稚園教育要領の1989（平成元）年の改訂に伴い幼稚園教育の基本や保育の専門性の考えが大きく変わってきたなかで，学校教育やこれからの教師の専門性については，次のようにいわれている。

　　　今，学校教育は新しい時代に向かって転換しつつある。それは，「自ら学ぶ意欲と社会の変化に主体的に対応できる力を育てる」という学校教育への期待に応えるためである。そのような教育を実現するためには，新しい発達観，学力観，評価観に基づいた指導方法を確立する必要がある。即ち，知識や技能を一律に授けることを目指すのではなく，一人一人のもっているその子らしさを生かしながら意欲や思考力，判断力，表現力などを育てるための指導である。そこには，一人一人のよさや可能性をとらえる教師の目と，子どもの心の動きに応じたかかわり方が求められている。（中略）幼稚園教育に必要な教師の専門性は，一人一人の幼児の内面を理解し，信頼関係を築きつつ，発達に必要な経験を幼児自らが獲得していけるように援助する力である[9]。

　また，佐藤[10]は，現代社会における教師の危機を具体的に述べながら，教師像の再定義を試みている。それは，「教える者（教師）と教わる者（子ども）という一方向的な関係を超えて，教師自身も教えながら学び，学びながら教える双方向的な関係の中へと自己を投企」し，「学びの共同体」を学校につくり出すという考えである。

　そこでの専門性とは，それまで考えられてきた授業の技術や教科内容のスペシャリストとしての狭さから脱け出して「幅広い教養にもとづいて子ども一人ひとりが抱える複合的な問題に対処し，具体的な状況に身をおいて複雑な課題と対峙しながら，質の高い学びを触発し組織する」「反省的実践家（reflective practitioner）」としての教師であると述べられている。

　つまり，教職においては，教師も保育者も自らの教育や保育を反省的に振り返り，そこに見られる子どもの姿を自分自身の在り方をも含めて問い直すことが重要なのだといえる。それには，子どもたちと教育の現場においてともに生き，そのかかわりのなかに自分自身の生きる喜びや意味を見いだしながら生活することが求められているのであり，それが教師の仕事であると考えられるだろう。

　もちろん，教職の現場は，教師と子ども達との関係だけではない。そこには保護者がおり，同僚の教師や保育者，上司のほか，教育の場に関係するさまざまな立場や役割を担う職員や専門家，学校や幼稚園の教育に協力し，これを支える地域の人々など，多様な人間関係の渦のなかに身をおく生活が待っている。つまり，そこには「人とかかわる」ということの多層性・複雑性があり，また豊かさがあるといえるのである。

（2）育て育てられる関係性に生きる子ども・教師

　大正から昭和にかけての日本の幼児教育の理論的指導者である倉橋惣三（1882–1955）は，その著書『育ての心』[11]の有名な序文において，子ども存在にかかわる育てる者の心もちに関して，次のように述べている。

　　　自ら育つものを育たせようとする心。それが育ての心である。（中

略）それにしても，育ての心は相手を育てるばかりではない。それによって自分も育てられてゆくのである。わが子を育てて自ら育つ親，子等の心を育てて自らの心も育つ教育者。育ての心は子どものためばかりではない。親と教育者とを育てる心である。

　教育・保育という，子どもを育てようとする営みにおいては，教師・保育者自身もまた，子どもとのかかわりから自分自身の人生や存在の意味を探究する契機を与えられている。まさに保育は，津守[12]が述べたように「相手が自らのアイデンティティをつくりあげるのを助ける仕事」であり，「保育者とは，それを引き受けることに自らの人生の意味を見出す者のことである」といえよう。

　ところで，この育て育てられる関係性は，子ども同士の関係についても指摘できる。以下は，ある保育所における乳幼児とのふれあい体験に参加した中学生・高校生の感想の一部である。

　　「子どもとかかわると，何か真剣になれるし笑顔になれるし楽しい」
　　「相手の子どもがよろこんでくれるとうれしい」
　　「子どもたちがワァーっと寄って来てくれて，本当に可愛くて，みんなどんどん話しかけてきてくれてすごくうれしかった」
　　「魚がビチビチ跳ねるみたいな感じで元気だった」
　　「活発な子，すぐに泣いてしまう子，いろいろいておもしろかった」

　これらの感想は，実際に中学生・高校生が 1 〜 2 日間乳幼児とふれあった直後の反省会で得られた生の声である。

　ふれあい体験に参加した生徒からは，乳幼児とのふれあいを通じて見事なまでにその様子（表情や態度，雰囲気までも）が変化していくのが見て取れる。朝，集合したときと体験を終えて解散するときとの顔つきの違いは，おどろくばかりである。

　なかには，「絶対また来たい」と何度も繰り返す生徒や，学校での人間

関係の悩みを打ち明け始める生徒もいる。着替えを手伝ったり，抱っこしたり，どうやってかかわったらよいか迷いながら声をかけたりして，乳幼児からの要求に応えることによって，何かが彼らの心を揺さぶり，いきいきとした感受性を呼び覚まし，素直なありのままの自分が現れるのであろう。世代を超えた"子ども"という存在が発揮する不思議な力のなせる業である。

§2　教師としての資質能力

1．資質・能力とは

　前節でもふれたとおり，2017（平成29）年告示の学習指導要領，幼稚園教育要領の改訂に際しては，それ以前の改訂時に重視されてきた「生きる力」という理念を，より具体的に示すことが目指された。

　予測困難な不確定な世界を創造的に生き抜いていく上で，この「生きる力」を育成するためには，資質・能力の3つの柱（図2-1「何を知っているか，何ができるか（個別の知識・技能）」「知っていること・できることをどう使うか（思考力・判断力・表現力など）」「どのように社会・世界と関わり，よりよい人生を送るか（学びに向かう力，人間性など）」）を重視した教育課程に基づき，つねに子どもの視点に立ち，各教科（領域）等を通して，あるいは，教科（領域）間を横断し，さらには，教科（領域）を越えて，子ども達の発達を支援していくことが必要となる。

　ところで，この「資質」「能力」という言葉であるが，2016（平成28）年12月の文部科学省答申[13]によると，教育基本法第5条第2項にある「義

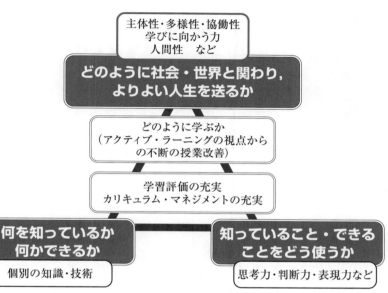

主体性・多様性・協働性
学びに向かう力
人間性　など

**どのように社会・世界と関わり，
よりよい人生を送るか**

どのように学ぶか
（アクティブ・ラーニングの視点から
の不断の授業改善）

学習評価の充実
カリキュラム・マネジメントの充実

**何を知っているか
何かできるか**

個別の知識・技術

**知っていること・できる
ことをどう使うか**

思考力・判断力・表現力など

[図2-1]　育成すべき資質・能力の三つの柱を踏まえた日本版カリキュラム・
　　　　　デザインのための概念

（文部科学省「資質・能力等関係資料」2015年11月より）

務教育の目的」において，「各個人の有する能力を延ばしつつ社会におい
て自立的に生きる基礎を培い，また，国家及び社会の形成者として必要と
される基本的な資質を養うこと」とあり，「資質」という言葉が，先天的
なもの，後天的なものの両方の観点からこれを向上させたり，身につけさ
せたりするのが教育であると説明されている。

　そして，2017年告示の学習指導要領では，総合的な学習の時間の目標が，
「探究的な見方・考え方を働かせ，横断的・総合的な学習を行うことを通
して，よりよい課題を解決し，自己の生き方を考えていくための資質・能
力を次のとおり育成することを目指す」とされていることなどをふまえ，
社会のなかで自立的に生きるために必要とされる力とは何かを具体的に示
して，教育の成果につなげていこうとする試みとして，「資質・能力」と
いう一体的な用語が，用いられた経緯が述べられている。

[図2-2]　幼児期の終わりまでに育ってほしい姿の明確化（整理イメージ）

引用：中央教育審議会初等中等教育分科会教育課程部会幼児教育部会（第10回）配付資料（2016.10.31）

　以上のように，資質・能力というときには，まず，教育という営みを通じて子どもに育てたい具体的な内容を示すために使われている。なお，幼稚園教育については，幼稚園生活の全体を通じて，環境を通して行う教育の基本は変わらず，遊びを通して総合的に指導されることにより，幼児期において育みたい資質・能力については，「幼児期の終わりまでに育ってほしい姿」として10項目（図2-2）が示された[*1]。

　これらについては，内閣総理大臣官邸に設置された教育審議機関である「教育再生実行会議」の第7次提言「これからの時代に求められる資質・能力と，それを培う教育，教師の在り方について」（2015年5月，第2次安倍晋三内閣）において，これからの時代を生きる人たちに必要とされる資質・能力としてあげられている以下の3点に基づくものと考えられる。

　　　○主体的に課題を発見し，解決に導く力，志，リーダーシップ
　　　○創造性，チャレンジ精神，忍耐力，自己肯定感
　　　○感性，思いやり，コミュニケーション能力，多様性を受容する力

＊1　「保育所保育指針」「幼保連携型認定こども園教育・保育要領」においても，"10の姿"は共通に示され，乳幼児期の教育・保育に対する整合性が図られている。

2．教師に求められる資質能力

　では，教員の資質能力の向上という点においてはどうだろうか。これについては，過去から現在に至るまで，文部科学省の教育職員養成審議会などから，さまざまな答申が出されている。最近では，2015（平成27）年の「これからの学校教育を担う教員の資質能力の向上について～学び合い，高め合う教員育成コミュニティの構築に向けて～」や，2012（平成24）年の「教職生活全体を通じた教員の資質能力の総合的な向上方策について」などがある。

　それらによると，社会の急速な進展や変化のなかを，生き抜くための力を子どもたちに育成するため，教師自身が専門職としての高度な知識・技能を身につけ，実践的指導力を高めることや，探求する力をもって主体的に学び続ける存在となること，教職に対する使命感や責任感，多様な専門性をもつ人材と連携しながら諸課題に取り組む力などが，これからの時代の教師に求められる資質能力としてあげられている。そして，教員の養成・採用・研修に関する課題に対する改革について論じられている。

　一方，幼稚園教員については，2002（平成14）年の「幼稚園教員の資質向上について　―自ら学ぶ幼稚園教員のために」（報告）や，2005（平成17）年の「子どもを取り巻く環境の変化を踏まえた今後の幼児教育の在り方について」（答申）などが出されている。

　それらにおいても，同様に，社会環境の急速で大きな変化に伴う幼児教育の多様な展開に対応するための資質・能力を向上させていけるよう，幼稚園教員の養成・採用・研修等の改善を図っていくことが述べられている。そして，幼稚園教員に求められる専門性として，子ども一人ひとりの内面を理解し，発達に必要な経験を子どもが自ら獲得していくことができるよう環境を構成し，自発的な活動である遊びを通して，総合的に指導していく力が重視され，小学校や保育所との接続[14]や連携を強化し，保護者や地域社会と連携し相互の関係を深めていくことなどが求められている。

いずれにおいても，養成の段階から，新規採用，採用後から2，3年の初任段階，採用から10年後の中堅段階，そして，管理職となるベテラン段階に至るまでのキャリアシステムを構築し，教職という専門性を高め，「学び続ける教師」を支えるために，研修の機会と内容の充実が図られている。

3．教師の「指導力」とは

2014（平成26）年8月に開催された「教育再生の実行に向けた教職員等指導体制の在り方等に関する検討会議」の「学校現場が抱える問題の状況について」という提言資料によると，不登校児童生徒の割合，学校内での暴力行為の件数，日本語指導が必要な外国人児童生徒数，通級による指導を受けている児童生徒数，特別支援学級・特別支援学校に在籍する児童生徒数，生活保護を必要とする状態にある要保護及び準要保護の児童生徒数，いずれにおいても，1990年代からの変化が，1.3倍〜2倍，通級指導の児童生徒数にいたっては，小学校で5.9倍，中学校では，何と23.5倍という数字が示されている。少子化社会において，学校現場を取り巻く状況は，複雑化・困難化しており，これに対応する学校の役割は，年々拡大化し，教師の仕事も多様化していると言われる。

そんな状況のなか，一時期マスコミで，教師の「指導力」不足の問題が盛んに取りあげられたことがあった。現場では，教師の教科指導の力量低下とともに，さまざまな行動を示してくる子どもたちの心が見えずに悩む教師たちが，自分と子どもたちとの関係を見直す研修を受けているということだった。教員養成の場でも，現場で的確な「子ども理解」ができる教師を育てるための「教師力」あるいは「人間力」を磨く目的で，大学での授業や教育実習以外に，学校インターンシップや学校（保育）ボランティアなど，子どもたちのいる教育現場へ学生を送り出す動きがある。養成段階から，学校現場を体験する機会や，子どもとの触れ合いの機会，現職教員との意見交換の機会等を積極的に提供することが必要であるとされてい

るのである。

　ところで，ここで言う「指導力」とは，子どもたちを管理したり，支配したりする力を指すのではない。目の前にいる子どもたちを理解し，子どもたちとの信頼関係を，ていねいに築いていく力のことである。

　田中[15]は，「教師として一番つらいのは，子どもを理解できないこと」だと痛感した滋賀県のある中学校教師が，「生徒理解のカンファレンス」を行っている取り組みを紹介している。そして，子どもの生存・成長を支えていく「発達援助者」の一員として，教師同士の連携・協力はもちろんのこと，保護者や地域の人々や福祉・医療・心理の専門家などとの人間関係をコーディネートする力こそ，現在の教師に求められている「指導力」ではないかと述べる。

　このように，現代の子どもたちに向き合う教師・保育者の役割をどのように考えるべきかについては，個々の教師や保育者が直面している切実な課題といえる。

§3　教師としての生活

1．教職の多忙さと疲労感

　学校現場では，団塊の世代の大量退職に伴う大量採用などの影響から，教員の経験年数の均衡が崩れ，先輩教員から若手教員への知識・技能の伝承をうまく図ることができない状況がある[16]といわれている。

　文部科学省が，学校の教員構成ならびに教員の個人属性，職務態様および異動状況などを明らかにすることを目的として3年に一度実施している統計調査「学校教員統計調査」（2022〔令和4〕年）の公表データを見て

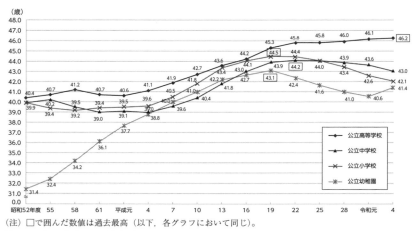

（注）□で囲んだ数値は過去最高（以下，各グラフにおいて同じ）。

[図2-3]　教員の平均年齢の推移　（文部科学省「学校教員統計調査（中間報告）」2022年より）

みよう。

　この調査結果によると，公立小学校，公立中学校の教員の平均年齢は，この前の調査（2019年）に比べて低下しており，公立幼稚園，公立高等学校では上昇している（図2-3）。一方，年齢別教員数（年齢構成）は，公立小学校と公立中学校では，30歳未満の比率が前回より上昇，50歳以上の比率が前回より低下しており，公立幼稚園の30歳未満の比率は低下し，50歳以上の比率が上昇している（図2-4）。

　また，文部科学省が毎年実施している「学校基本調査」の2023年度の結果を見てみると，在園・在学者数では，小学校・中学校が，ともに過去最少を更新し，幼稚園，高等学校も減少，幼保連携型認定こども園と義務教育学校は過去最多となっている（図2-5）。

　女性教員の割合は，学校種によって違いが大きく，幼稚園では93.4％，小学校では62.6％，中学校では44.6％，高等学校では33.4％，特別支援学校では62.8％となっている。女性管理職の割合は，33.6％（前年度より1.2ポイント上昇）で，過去最高を更新している。対象となる子どもの発達過程を考えたとき，女性教員ならではの特性や利点もあることがうかがわれ

公立幼稚園の教員の年齢構成

(%)

区　　分	平成25年度	28年度	令和元年度	4年度
本務教員数(人)	19,170	16,804	14,794	12,870
合　　　　計	100.0	100.0	100.0	100.0
25　歳　未　満	7.9	8.2	8.7	6.7
25～30歳未満	14.7	14.9	14.8	13.9
30～35歳未満	12.6	14.0	14.2	13.2
35～40歳未満	12.5	12.4	12.5	13.9
40～45歳未満	11.7	13.2	13.1	12.5
45～50歳未満	8.9	10.6	12.9	13.9
50～55歳未満	11.3	8.6	9.3	12.0
55～60歳未満	17.3	13.8	9.3	9.0
60　歳　以　上	3.0	4.3	5.2	5.0

公立小学校の教員の年齢構成

(%)

区　　分	平成25年度	28年度	令和元年度	4年度
本務教員数(人)	378,434	373,332	375,653	376,478
合　　　　計	100.0	100.0	100.0	100.0
25　歳　未　満	3.9	4.7	5.5	5.8
25～30歳未満	11.3	12.6	13.7	14.4
30～35歳未満	11.5	12.5	13.6	14.1
35～40歳未満	10.1	11.2	12.2	13.0
40～45歳未満	11.1	10.3	10.3	11.3
45～50歳未満	13.8	12.4	10.8	10.1
50～55歳未満	17.5	14.8	13.6	11.8
55～60歳未満	18.8	18.2	15.7	14.0
60　歳　以　上	1.9	3.2	4.7	5.4

公立中学校の教員の年齢構成

(%)

区　　分	平成25年度	28年度	令和元年度	4年度
本務教員数(人)	217,459	215,996	210,526	209,567
合　　　　計	100.0	100.0	100.0	100.0
25　歳　未　満	3.3	3.4	3.5	4.4
25～30歳未満	10.7	12.4	12.6	12.8
30～35歳未満	10.8	12.0	14.0	15.0
35～40歳未満	10.8	10.5	11.4	12.8
40～45歳未満	12.2	11.3	10.2	10.4
45～50歳未満	14.8	12.6	11.6	10.6
50～55歳未満	20.1	16.5	13.3	11.9
55～60歳未満	15.4	18.1	17.7	14.5
60　歳　以　上	1.9	3.2	5.6	7.7

公立高等学校の教員の年齢構成

(%)

区　　分	平成25年度	28年度	令和元年度	4年度
本務教員数(人)	164,350	162,683	158,479	152,021
合　　　　計	100.0	100.0	100.0	100.0
25　歳　未　満	2.0	2.2	2.2	2.2
25～30歳未満	7.0	8.6	9.0	8.8
30～35歳未満	8.6	8.9	10.3	11.4
35～40歳未満	11.3	10.2	9.7	10.5
40～45歳未満	13.0	12.8	11.3	10.5
45～50歳未満	16.5	13.5	13.4	12.9
50～55歳未満	21.3	19.5	15.1	13.8
55～60歳未満	17.1	19.3	21.4	18.5
60　歳　以　上	3.1	5.1	7.6	11.5

(注)　小数点以下第 2 位を四捨五入のため，計と内訳の合計が一致しない場合がある（各表に同じ）。

[図2-4]　年齢構成　　（文部科学省「学校教育統計調査（中間報告）」2022年より）

るが，全体の割合から見ても，1872（明治 5 ）年の学制発布の10年後，小学校の女性教師は約3,000人，男性教師の 8 万2,000人に比してわずか3.5％であったことを思うと，長い歴史を経た現在，教職に占める女性の割合は格段に上昇したといえよう。

　国の施策として，職場における男女平等を定めた男女雇用機会均等法（1985〔昭和60〕年）や育児休業法（1991〔平成元〕年）などが成立し，1994（平成 6 ）年のエンゼルプランに始まる少子化対策および次世代育成支援対策推進法が定められるなど，仕事という形での女性の社会進出や仕事と育児の両立を支援する法の整備が進んでいる。明治以来，約150年の間に，女性の生き方・働き方は，かなり多様化してきており，第 1 子出産後の女

区　　分	学　校　数（校）				在　学　者　数（人）				教員数（本務者）（人）		
	計	国立	公立	私立	計	国立	公立	私立	計	うち女性	女性の比率(%)
幼　稚　園	(−274)	(−)	(−166)	(−108)	(−81,471)	(−261)	(−12,877)	(−68,333)	(−2,320)	(−2,156)	(−)
	8,837	49	2,744	6,044	841,824	4,490	97,889	739,445	85,432	79,805	93.4
幼保連携型認定こども園	(325)	(−)	(35)	(290)	(21,869)	(−)	(611)	(21,258)	(5,738)	(5,292)	(−0.1)
	6,982	−	948	6,034	843,280	−	98,398	744,882	142,281	134,697	94.7
小　学　校	(−181)	(−)	(−182)	(1)	(−101,620)	(−320)	(−101,477)	(177)	(857)	(1,146)	(0.2)
	18,980	67	18,669	244	6,049,685	35,721	5,933,907	80,057	424,297	265,522	62.6
中　学　校	(−68)	(−)	(−69)	(1)	(−27,712)	(−152)	(−28,840)	(−1,280)	(137)	(733)	(0.3)
	9,944	68	9,095	781	3,177,508	27,004	2,902,882	247,622	247,485	110,280	44.6
義務教育学校	(29)	(−)	(29)	(−)	(8,246)	(−9)	(8,259)	(−4)	(1,080)	(619)	(0.6)
	207	5	201	1	76,045	3,773	72,048	224	7,448	4,035	54.2
高　等　学　校	(−33)	(−)	(−34)	(1)	(−38,399)	(−168)	(−36,247)	(−1,984)	(−1,488)	(195)	(0.3)
	4,791	15	3,455	1,321	2,918,501	8,004	1,897,321	1,013,176	223,246	74,615	33.4
中等教育学校	(−)	(−)	(−)	(1)	(450)	(−13)	(267)	(196)	(80)	(57)	(1.1)
	57	4	35	18	33,817	2,863	23,678	7,276	2,829	1,009	35.7
特別支援学校	(7)	(−)	(7)	(−)	(−2,727)	(−46)	(−2,750)	(−23)	(1,053)	(810)	(0.2)
	1,178	45	1,118	15	151,362	2,856	147,608	898	87,869	55,160	62.8

（注）（　　）は，前年度からの増減値である。

[図2-5]　初等中等教育機関等の学校数，在学者数，教員数（専修学校，各種
　　　　学校を除く）　　　　　　　　　　　　　　（文部科学省「学校基本調査」2023年より）

性の就業継続割合[17]は，育児休業の利用により上昇傾向にあるが，今後も
男性を含めた働き方の見直しが求められている。

　さらに，教員勤務実態調査（令和4年速報値）[18]によれば，多忙化する
教員の勤務実態や教員の疲労度が問題となっている。小学校で平日に増大
している業務としては，授業（主担当），朝の業務，学習指導の時間など
があり，ICT（情報通信技術）の活用によって成績処理などの負担軽減は
取り組まれているものの，依然として長時間勤務の教師は多い。仕事や職
業生活における教員のストレスは高くなっていると考えられる。

　以上，いくつかの統計資料を基に，教師の生活実態について，考えてみ
ると，ここ20〜30年の間に，我が国が取り組んできている教育改革の流
れの背景の一端と必然性を見ることができるといえるだろう。

　対応すべき課題が増大する一方，経験のある熟達した世代の教員割合が
減少すれば，教職の職務内容の負担はますます拡大していかざるを得ない。
養成段階，採用段階，現職段階に対する教員政策や教員免許制度，教育行

政，チーム学校の実現への取り組み，社会に開かれた教育課程を目指し，学習指導要領，幼稚園教育要領などの改訂を通じた教育実践・指導方法の見直し，そして2023（令和 5）年 4 月に創設されたこども家庭庁による施策については，第 3 章以降で，具体的に解説されている。

2．子どもとともに生きる教師の生活

　さまざまな課題が山積する学校教育・幼児教育における教職の実情については，目をそらすことができないが，教師がもっとも見失ってはならないもの，それは，子どもの存在である。ここでは，筆者の幼稚園教諭としての経験から，ある子どもの話をしよう。

　年中組・年長組と 2 年間担任したその子どもは，人との関係を築くこと，相手に受け入れられる仕方で自分自身を表現すること，相手に合わせて自分の在り方を調整することに非常に苦労した子どもだった。ことあるごとに怒ったり，暴れたりしてしまうので，周囲の子どもたちから恐れられた。仲間に加わって遊びたいのに，それが叶わないイライラからさらに行動が荒れて，トラブルを引き起こしてしまう，という悪循環を繰り返していた。精一杯この子どもに寄り添って考えれば，当人が一番後悔やさみしさ，情けない思いを味わっているであろうと理解しているつもりでも，実際には，この子どもの行動を注意し，制止し，ときには厳しく叱るというかかわりの連続で，筆者自身も保育者として自己嫌悪に陥り，自信を失っていった。

　まわりの同僚に相談もしてみるが，自分の欠点や足りない面を指摘されているようで返って自信をなくし，また多様な意見に振り回され，ますます保育者としての自分の在り方が揺らいでいった。もちろん保護者との関係にもいろいろな困難が持ちあがった。

　ところがそんなある日，年少組の子どもたちにアリを見せながら，実におだやかな表情で優しくかかわるこの子の意外な一面を目にした。筆者は，保育者としてハッとした。一生懸命かかわっているつもりで，相手の一面しか見ずに負のレッテルを貼り，正しいと考える方向へ導こうと必死に頑

張っていた自分に気がついたのである。

　不思議なことに，このとき何かすうっと心の構えが取れ，この子どもに
対する愛しさが急に込みあげてきた。この日，何かでまた注意するような
出来事が起きたとき，「○○ちゃんは，本当にやりたくてやったんじゃな
い！」と筆者は思わずこの子どもを思いきり抱きしめた。そこには，嫌が
らずに抱かれているこの子の姿があった。それから，日々を積み重ね，年
長組の3学期，最後のおゆうぎ会に取り組むころには，この子どももク
ラスの仲間として受け入れられるようになっていったのであった。

　卒園して6年後に母親がはじめて電話をくれた。いろいろなことがあっ
た小学校時代だが，卒園後この子どもの口からは，いつも「幼稚園は楽し
かったなー！」という言葉が聞かれ，いよいよ小学校卒業を迎えることが
できたという内容だった。

　本人自身も保育者もあれだけ苦労したにもかかわらず，幼稚園での経験
を小学校生活の支えにしてくれていたことを知ったとき，筆者は，保育者
として生きることの手応えとよろこびを実感し，保育の仕事に生きがいを
感じることができた。それは，この子どもからのかけがえのない贈り物で
あった。

　教職の道を選んだ以上，子どもとともに生きる日々の大変さは，教師の
資質能力としてもあげられている，教職に対する使命感，責任感，教育的
愛情により，必ずより深く子どもを探究し，教師として学び続ける力へと
変えていくことができることであろう。

3．教師としての成長

　教員政策においては，学び続ける教師を支えるキャリアシステムの構築
とそのための体制整備が進められてきたところである。教職を目指す学生
時代から，採用を経て，現職に至ってからの過程で，それぞれのキャリア
ステージに応じた教員研修の充実が図られてきたのである。

　これまで教育職員免許状については，10年という有効期間を設けて教

員免許更新制が行なわれていたが，2022（令和4）年に「教育公務員特例法及び教育職員免許法の一部を改正する法律」が成立し，これまでの成果を継承しながら，新たな研修制度の実施へと発展的に解消された。世界のグローバル化，情報化がますます進展し，ICT（情報通信技術）の利用拡大などにより，教師自身も高度な専門職として新たな知識技能の修得に継続的に取り組んでいく必要が高まっており，このような社会的変化，学びの環境の変化を受け，令和の日本型学校教育を実現する「新たな教師の学びの姿」として，個別最適な学び，協働的な学びの充実を通した「主体的・対話的で深い学び」が必要であるとされたのである[19]。

　しかしながら，教員の質の充実のために，どんなに制度が整備されていこうと，生涯を通じてその資質能力を高めながら教職にあたり，社会からの信頼を得ていけるようになるには，やはり，一人ひとりの教師の主体的な姿勢と努力によるところが大きいのではないだろうか。自分はなぜ，教職を志したのか，本章第1節で「子どもが好きだから」とその動機にあった初心を忘れずに，職場の同僚と協働しながら，また，家庭や地域社会と連携しながら，よりよい社会の実現のために，教職への使命感と責任感，子どもへの愛情をもって，自身の知識・技能と人間性を切磋琢磨していってもらいたい。

【引用文献】

1）金沢晃「教職志望学生のキャリア形成に関する一考察」『神戸外大論叢』第67巻第2号，2017，p.28

2）藤原正光「教師志望動機と高校・大学生活　〜教員採用試験合格者の場合〜」『教育学部紀要（文教大学教育学部）』第38集，2004

3）中島義実「教職志望度を左右するのはどのような体験なのだろうか―教育実習以前の体験の影響の検討」『福岡教育大学紀要』第66号第4分冊，2017

4）天城勲・奥田真丈・吉本二郎『現代教育用語辞典』第一法規出版，1973

5）青木一ほか編『現代教育学事典』労働旬報社，1988

6）細谷俊夫『教育学大事典』第一法規出版，1978

7）田中智志・今井康雄編『キーワード 現代の教育学』東京大学出版会，2009，p.217

8）文部科学省「新しい学習指導要領の考え方—中央教育審議会における議論から改訂そして実施へ—」（平成29年度小・中学校新教育課程説明会（中央説明会）における文科省説明資料）http://www.mext.go.jp/a_menu/shotou/new-cs/__icsFiles/afieldfile/2017/09/28/1396716_1.pdf，文部科学省教育課程部会幼児教育部会「幼児教育部会における審議の取りまとめ」平成28年8月26日などを参照されたい。

9）森上史朗編『最新保育資料集2003』ミネルヴァ書房，p.269「保育技術専門講座資料」1．はじめに（これからの幼稚園教育と教師の専門性）

10）佐伯胖，佐藤学，田中孝彦ほか編『現代社会のなかの教師』「教師像の再構築」岩波講座6 現代の教育，岩波書店，1998

11）倉橋惣三『育ての心』（上）フレーベル新書，1976

12）津守真『保育者の地平』ミネルヴァ書房，1997，p.103

13）中央教育審議会答申「幼稚園，小学校，中学校，高等学校及び特別支援学校の学習指導要領等の改善及び必要な方策等について」2016年12月，pp.14-15

14）文部科学省中央教育審議会では，幼児教育の質的向上および小学校教育との円滑な接続について専門的な調査審議を行うため，「幼児期の教育と小学校教育の円滑な接続の在り方に関する調査研究協力者会議」（2010〔平成22〕年），「幼児教育と小学校教育の架け橋特別委員会」（2021〔令和3〕年）などが設置された。子どもの学びや発達の連続性を考慮し，幼児期の学びの芽生えから児童期の自覚的な学びへと円滑につなぐための考え方や接続期のカリキュラムや手引が示され，「幼保小の架け橋プログラム」や手引などが策定されている。

15）田中孝彦「教師の指導力をめぐる今日的問題」『教育』第51巻第11号，国土社，2001，p.6-13

16）中央教育審議会答申「これからの学校教育を担う教員の資質能力の向上について〜学び合い，高め合う教員育成コミュニティの構築に向けて〜」平成27年12月，p.1

17）国立社会保障・人口問題研究所「第16回出生動向基本調査」2021年

18）協同出版セミナー基調講演資料（平成26年1月21日，文部科学省高等教育局長布村幸彦〔当時〕）を参照した。文部科学省「教員勤務実態調査」

の昭和41年度と平成18年度の比較，厚生労働省「労働者健康状況調査」，東京都教職員互助会，ウェルリンク株式会社「教員のメンタルヘルス対策および効果測定」による教員の疲労度（一般企業の労働者との比較）。なお，文部科学省では，教員の長時間労働の現状や，さまざまな教育課題などに対応して，小学校高学年の教科担任制の教科や，補習などのための指導員派遣事業，「GIGAスクール構想」に基づくICT（情報通信技術）環境の整備や教育DX（教育現場でのデジタル技術）の活用などのために令和6年度予算編成がなされた。

19）文部科学省中央教育審議会「「令和の日本型学校教育」を担う教員の養成・採用・研修等の在り方について（答申）」令和 4 年12月

第3章 日本における教師の歴史

§1 近代的学校制度の 創設と教師

1．学制の制定

　明治5（1872）年に公布された学制から，わが国の近代的な学校制度が始まった。学制では，大学・中学（上等下等各3年）・小学（上等下等各4年）の三段階からなる単線型の学校体系をとった。そして，全国を8大学区にわけ，一つの大学区に32中学区，一つの中学区をさらに210小学区として，各学区で学校を設置する計画であった。

　この計画に従えば，小学校だけでも，これに見合う膨大な数の教師が必要であった。そのため，文部省は，学制の発布に先だって，「小学教師教導ヲ建立スルノ伺」を正院に提出し，師範学校の創設を訴えた。

2．師範学校の創設

　明治5（1872）年5月，わが国最初の師範学校が東京に創設された。教師としては，師範教育に詳しいアメリカ人スコット（M. M. Scott, 1843-

1922）が，大学南校から迎えられた。生徒募集の条件は，学力が「和漢通例ノ書及ヒ粗算術ヲ学ヒ得テ」いること，年齢は20歳以上であること，身体壮健であること，試験のうえ入学が許可されることであった。使用された教科書・教材・

［図3-1］ 小学校の授業風景
（資料『小学教授入門図解』第7／国立教育政策研究所教育図書館所蔵）

教具などは，アメリカから輸入されたものであった。

　地方の小学校の増加に伴って，教員の需要も高まってきた。東京の師範学校をモデルとして，明治6（1873）年に大阪府と宮城県に，翌年には愛知県・広島県・長崎県・新潟県に官立の師範学校が設立された。また，明治8（1875）年，女子の教員養成機関として，官立の東京女子師範学校が設立された。

　しかし，こうした官立の師範学校は，まもなく財政事情などによって，しだいに廃止するに至る。明治10（1877）年には，愛知，広島，新潟の各師範学校を，さらに明治11（1878）年には，大阪，長崎，宮城の各師範学校をそれぞれ廃止することとなった。官立師範学校としては東京師範学校および東京女子師範学校を残すだけとなった。

　明治13（1880）年，改正教育令によって，各府県に師範学校の設置が定められ，その制度化が進められた。当時の師範学校への入学者は士族出身者が多かった。また，地方には小学校以外に程度の高い学校がなかったので，師範学校は地方の最高の教育機関でもあった。そのため，当時の師範生は，学ぶ誇りをもち，精神的気迫に満ちたものであったといわれる。

§2　国家主義的教育体制の　　確立下における教師

1．教師活動への統制

　明治12（1879）年，学制に代わって，教育令が公布される。教育令は，全文47条の簡略なもので，就学・学校設置の規定を緩和し，地方教育行政にあたる学務委員を公選制とするなど，地方分権的方針をとった。こうした条件の緩和は，自由民権運動の高揚のなかで，学校離れを促すきざしを見せたので，政府は，明治13（1880）年，改正教育令を公布した。そのおもな特徴は，府知事・県令の権限強化，各町村への学校設置要求，府知事・県令の学務委員および町村立学校の教員任命など，国による統制を再び強めるものであった。さらに教育内容でも国の統制が強化され，修身科が各科の最上位に置かれた。また，「品行不正ナルモノハ教員タルコトヲ得ス」と教員の「品格」が任用の要件と規定された。

　このように教育の国家管理が強化されるなかで，教師に対する統制も強化されてくる。明治14（1881）年6月には「小学校教員心得」が布達される。教師の責務の重大さが説かれるとともに，教師には，道徳教育に力を注ぐこと，政治活動に参加しないことなどが求められた。明治14（1881）年7月には，「学校教員品行検定規則」が定められ，教員の不品行とされる基準が示された。

　「小学校教員心得」や「学校教員品行検定規則」の意図は教師の政治活動を禁止し，教師を忠君愛国の体現者として枠づけることであった。

2．森有礼と師範学校令

　明治18（1885）年，内閣制が施行され，その初代文部大臣に就任した森有礼（1847-1889）は，明治19（1886）年に小学校令・中学校令・帝国大学令・師範学校令を公布し，近代学校教育制度の確立に努めた。

　師範学校令により，師範学校は尋常と高等の二種に分けられた。尋常師範学校は，小学校の教員・校長の養成を目的とした。尋常師範学校は各府県１校の設置が義務づけられ，その経費は地方税によってまかなわれた。入学にあたっては，高等小学校卒業程度の学力と郡区長

［図3-2］　森有礼
（唐澤富太郎編『図説 教育人物事典──日本教育史のなかの教育者群像』（下巻）ぎょうせい，1984，p.580）

の推薦が必要とされた。高等師範学校には，男子師範（三年制）と女子師範（四年制）が置かれ，東京に１校，文部大臣の管理に属して，国庫によってその経費が支弁された。高等師範学校は尋常師範学校の教員および校長の養成を目的とし，尋常師範学校卒業者のなかから，府県知事の推薦を経て高等師範学校長が選抜して入学させるものとなった。

　師範学校は臣民育成という国家目的を実現するための教師を養成する学校であり，教師には不可欠な資質として「順良・信愛・威重」の三気質の鍛錬が求められた。そのため師範学校では，兵式体操を採用するとともに，軍隊式の全寮制が用いられた。

3．教育勅語

　明治23（1890）年，教育勅語が発布される。起草は，井上毅（1844-1895），元田永孚（1818-1891）らの協力による。その内容は，まず，臣民が忠と孝をもって万世一系の天皇を助けてきたことが「国体の精華」であり，こ

こに「教育の淵源」があるとされる。次に，教育の目的は，これを維持・発展することにあるとされ，その実現のために個人・家庭・社会・国家にわたる徳目が掲げられている。最後に，この教育勅語は，時間や空間を超越した普遍妥当なものであると述べられている。教育勅語の成立によって天皇制国家における教育体制の基本方針が確立し，以後，わが国の教育を支配することになる。

　明治24（1891）年6月には，「小学校祝日大祭日儀式規程」によって，教育勅語が各学校に配布または下賜され，学校儀式を通して，奉読されて神格化された存在となる。同年11月には，「小学校教則大綱」が制定され，そのなかで修身が勅語の趣旨に基づく科目とされた。

　このように教育勅語の精神は，学校儀式や修身科を通して，国民の心に浸透していくことになる。のちに，この勅語謄本を被災や盗難などから守るため，教職員の宿日直制が実施された。勅語謄本の保管には細心の注意が払われたが，不測の事態などにより，勅語謄本のために生命を犠牲にしたり，教職を追われたりする教師も生じた。

§3　大正期の教師

1．教師の地位

　明治30（1897）年ころから，小学校教員の出身層は，士族から農民へと変わっていく。第一次世界大戦の勃発とともに，日本は好景気を迎えたが，教員の経済的生活はみじめなものであったので，教員志望者を減少させた。また，物価も大正8（1919）年に至って暴騰きわまるところなく，教員はますます生活難におちいっていた。こうしたなかで，内閣総理大臣の諮問

機関として設けられた大正6（1917）年から大正8（1919）年の臨時教育
会議の委員であった嘉納治五郎（1860-1938）は，会議において，教員の
俸給を国庫支弁，あるいは，国庫補助として，小学校教員の処遇を改善す
る必要性を説いている。

　このような状況ではあったものの，大正期には，世界の民主的な自由解
放の風潮を受けて，ルソーやペスタロッチなどの近代教育の思潮が紹介さ
れ，普及した。そして，大正10（1921）年ころには「八大教育主張」とい
われる新教育運動が展開されていく。

2．大正新教育

　政府主導の下で確立をみた国民教育は，強力な統制の結果として，画一
性，硬直性，抑圧性が問題とされるようになる。そして，これに対する改
革の動きが顕著になってくる。大正新教育運動である。

　新教育の提唱は，明治末期から，樋口勘次郎（1871-1917）の活動主義，
谷本富（1867-1946）の自学輔導の考え方などによって論じられていた。
大正新教育運動の掲げた主張を端的に示すものが，「八大教育主張」であ
る。それは，稲毛金七（1887-1946）「創造教育論」，及川平治（1875-
1939）「動的教育論」，小原國芳（1887-1977）「全人教育論」，片上伸（1884
-1928）「文芸教育論」，河野清丸（1873-1942）
「自動教育論」，千葉命吉（1887-1959）「一切衝動
皆満足論」，手塚岸衛（1880-1936）「自由教育論」，
樋口長市（1871-1945）「自学教育論」である。

　新教育の実践のおもな舞台は，師範附属小学校
や私立学校であった。前者では，千葉師範附属小
学校での手塚岸衛の自由教育，奈良女子師範附属
小学校での木下竹次（1872-1946）の自立学習・
合科学習などが有名である。後者では，沢柳政太
郎（1865-1927）の成城学園，羽仁もと子（1873-

［図3-3］　野口援太郎
（唐澤富太郎編
『図説 近代百年の教育』
国土社，1967，p.231）

1957）の自由学園，野口援太郎
（1868-1941）・野村芳兵衛（1896
-1986）による児童の村小学校
などが有名である。

このほかでは，文学者や芸術
家の活動も見逃せない。鈴木三
重吉（1882-1936）の『赤い鳥』
による童謡・童話の創作・普及
の運動，また，山本鼎（1882-
1946）の自由画運動なども活発に行われた。

[図3-4] 児童の村小学校
（唐澤富太郎編『図説 近代百年の教育』
国土社，1967，p.231）

こうした大正新教育は，大正10年代から，川井訓導事件など，文部行
政当局の弾圧を受け，しだいに挫折していった。

3．教員組合運動

大正デモクラシーの影響を受けて労働運動も高まりつつあった。これと
呼応して教員組合運動もめばえてきた。その先駆的なものとしては，「日
本教員組合啓明会」がある。この団体は，当初，教員組合ではなく，教育
者の思想運動の団体啓明会として，大正8（1919）年，下中弥三郎（1878
-1961）を中心にして発足した。

物価高騰のなかで，小学校教員の生活難は深刻化していた。労働組合運
動の高まりのなかで，教員の待遇改善を求める動きは，教員組合結成への
関心を高めた。大正9（1920）年，啓明会も，はっきりと教員組合として
名乗りをあげ，名称を「日本教員組合啓明会」と称するようになる。そし
て，啓明会は，教育改造の四綱領を発表する。それは，「教育理想の民主
化」，「教育の機会均等」，「教育自治の実現」，「教育の動的組織」であった。
啓明会は，教育の制度的改革のプログラムを提示し，機関誌を発行しなが
ら全国的な運動を目指した。

§4　戦時下の教師

1．軍国主義と教師

　昭和6（1931）年，満州事変が起こり，日本は戦時体制に突入する。昭和7（1932）年の5・15事件，昭和11（1936）年の2・26事件を経て，軍国主義に基づく政治活動が活発化した。こうしたなかで，当時の師範学校の軍事教練には非常な力が入れられるようになっていく。また，満州事変勃発直後の昭和6（1931）年10月，天皇は，東京高等師範学校創立60周年記念式典に行幸したおり，健全な国民の養成に関する勅語を下賜された。これを受けた文部大臣は，ただちに日本の教師すべてに，健全な国民を養成するようにとの通達を出している。昭和7（1932）年には，「国民精神文化研究所」も設置され，天皇中心の国民精神を高揚する運動が強化された。昭和9（1934）年4月には，全国小学校教員代表3万5千人を皇居前に集め，天皇の御親閲を受ける全国小学校教員精神作興大会が開催された。それは，忠君愛国の日本精神を高揚し，教師を天皇制体制の尖兵とするものであった。

　このように教師への政治的統制は厳しくなり，教師は身動きができないように束縛されることとなった。

　このような動きのなかで，最終的には弾圧されることになるものの，生活綴方教育運動，郷土教育運動，プロレタリア教育運動など，民間の教育運動が教師たちによって活発に展開されていく。

2．郷土教育運動

1929（昭和4）年に始まる世界恐慌は，日本の工業界・農村をまきこん

だ。昭和6（1931）年の東北をおそった大凶作は農村に打撃を与えること
となった。このような不況の下に苦しむ農村の更生を目指したのが郷土教
育運動である。これには文部省の進めたものと民間運動として進められた
ものとがある。

　文部省は昭和5（1930）年から全国の師範学校に補助金を交付し，郷土
教育の推進を図っていたが，それは郷土愛を育て愛国心の形成へとつなげ
ていく国民教化的性格を強くもつものであった。

　このような官製の郷土教育に対して，昭和5（1930）年，小田内通敏
（1875-1954）・尾高豊作（1984-1944）・志垣寛（1889-1965）らにより「郷
土教育連盟」が創設された。それは，科学的合理的な認識に基づく農業と
農村の向上を目指すものであった。社会科学的観点から地域の在り方と教
育を問い直そうとするその運動は，生活綴方教育へとつながる志向も認め
られた。

3.　生活綴方教育運動

　芦田恵之助（1873-1951）を先駆とする綴方教育は，昭和に入って，生
活綴方教育運動として発展を見せる。昭和4（1929）年，小砂丘忠義
（1897-1937），野村芳兵衛らにより，『綴方生
活』誌が刊行され，各地の教師の実践活動を
促した。綴方教育は，貧困と封建性の強い農
村地域のなかで，子どもたちに生活の現実を
直視させ，それを綴らせ，教室で検討するこ
とによって，社会認識を育てようとするもの
であった。

　昭和5（1930）年には東北地方で『北方教
育』誌が刊行され，「北方性教育運動」が展
開される。注目される存在は，国分一太郎
（1911-1985），佐々木昂（1906-1944），村山

[図3-5]　小砂丘忠義
（唐澤富太郎編『図説 教育人物事典
―日本教育史のなかの教育者群像』
（上巻）ぎょうせい，1984，p.501）

俊太郎（1905-1948）である。

4．新教・教労の結成

　昭和5（1930）年，山下徳治（1892-1965）を所長とする「新興教育研究所」（新教）が設立され，機関誌『新興教育』が刊行された。マルクス主義に基づく日本と日本教育の分析，プロレタリアの成長を目指す教育論を展開した。

　同年11月には，非合法組織の「日本教育労働者組合」（教労）が結成された。帝国主義戦争反対，プロレタリア階級のための教育闘争の運動が進められた。しかしながら，こうした運動は，昭和8（1933）年の長野県教員赤化事件を中心に弾圧され，運動存続の余地はなかった。

5．国民学校令と師範教育

　昭和12（1937）年，戦時体制に即応した教育制度，内容，方法の再編を企図した教育審議会が設置された。その答申に基づいて，昭和16（1941）年，国民学校令が公布され，小学校にかわり，国民学校が発足した。

　国民学校の目的は「皇国ノ道ニ則リテ初等普通教育ヲ施シ国民ノ基礎的錬成ヲ為スヲ以テ目的トス」と規定された。教科についても，国民科（修身・国語・国史・地理），理数科（算数・理科），体錬科（体操・武道），芸能科（音楽・習字・図画・工作），実業科（農業・工業・商業・水産）が設けられ，皇国民の錬成が図られた。国民学校では，皇国民錬成のため，儀式や学校行事が重視された。率先垂範が求められた教師は，それらの先頭に立って日本精神の体現者として行動させられた。そのため教師は，各種の錬成講習会に参加し，鍛錬を受けた。

　皇国民錬成の教育精神のもと，昭和18（1943）年，「師範教育令」が改正され，「師範学校規程」が制定された。教師には天皇制国家に滅私奉公する忠良の臣民をつくり出すことが求められた。

6. 学徒動員と学童疎開

　戦火拡大のなかで，昭和18（1943）年6月，「学徒戦時動員体制確立要綱」の決定により，学徒勤労動員が本格化されることになった。同年10月には「教育ニ関スル戦時非常措置方策」が閣議決定され，在学による徴集猶予の停止，年間四か月の勤労動員などが実施された。翌年になると，勤労動員の常勤体制，国民学校高等科生徒の動員が進められた。

　昭和19（1944）年，戦火を避けるため，学童集団疎開が決定された。東京など13都市の国民学校初等科3年以上6年までの学童集団疎開が進められた。戦火が苛烈になり教師も戦線に動員されたが，国内に残った教師は，学童疎開の付添として，学童の生活を守るとともに，子どもを引率しての軍人援護や勤労作業などに従事した。戦時中の教師は勤労即教育の考え方で活動することが期待されていた。

　昭和20（1945）年3月になると，政府は本土決戦をとなえ，「決戦教育措置要綱」を閣議決定した。全学徒を食糧増産，軍需生産などに動員するため，国民学校初等科をのぞく学校の授業を一年間停止することとなった。

§5　戦後の教師

1. 戦後新教育制度の発足

　昭和20（1945）年8月15日，日本は終戦を迎えた。占領軍による四大指令，すなわち「日本教育制度ニ対スル管理政策」，「教員及ビ教育関係官ノ調査，除外，許可ニ関スル件」，「国家神道，神社神道ニ対スル政府ノ保証，

支援，保全，監督並ニ弘布ノ廃止ニ関スル件」，「修身，日本歴史及ビ地理
停止ニ関スル件」によって，教育における非軍国主義化が進められた。

　昭和21（1946）年3月には，アメリカから第一次教育使節団が来日し，
日本の教育事情に関する調査を重ねていった。同使節団は，6・3・3・
4制の単線型学校体系，公選制教育委員会制度の設置，教員養成制度の
改革などを勧告した。同年，教育刷新委員会が内閣に設置され，戦後の日
本の教育改革が進められた。昭和22（1947）年3月には，「教育基本法」，
「学校教育法」が制定された。

　教員養成に関しては，昭和24（1949）年，教育職員免許法が公布され，
これによって師範学校のような特別な学校を廃止し，大学における修業年
限と修得単位という客観的基準を免許授与の基本要件とする開放制の免許
状取得が定められた。

2．日教組の活動

　戦後の諸政策により，教師は言論と行動の自由を獲得した。そして，戦
後の教師に画期的な変革をもたらしたのは，昭和22（1947）年の「日本教
職員組合」の結成である。いわゆる日教組は，昭和27（1952）年，「教師
の倫理綱領」10箇条を発表した。それは，「1．教師は日本社会の課題に
こたえて青少年とともに生きる。2．教師は教育の機会均等のためにた
たかう。3．教師は平和を守る。4．教師は科学的真理に立って行動する。
5．教師は教育の自由の侵害を許さない。6．教師は正しい政治をもと
める。7．教師は親たちとともに社会の頽廃とたたかい，新しい文化を
つくる。8．教師は労働者である。9．教師は生活権を守る。10．教師
は団結する」というものであった。

　日教組は，教育の民主化，研究の自由を要求し，教職員の経済的・社会
的・政治的地位の確立のために，また，民主的な国家の建設のために奮闘
した。

　1951（昭和26）年，サンフランシスコ平和条約が調印される。こうした

なかで，「逆コース」といわれる占領期に施行された制度の修正が行われた。1950（昭和25）年に来日した第二次アメリカ教育使節団以後，占領軍は教育委員選挙への干渉，教職員のレッドパージなどを強引に進めた。1954（昭和29）年，いわゆる教育二法，「教育公務員特例法の一部を改正する法律」，「義務教育諸学校における教育の政治的中立の確保に関する臨時措置法」によって，教師の政治的活動が制限された。1956（昭和31）年，「地方教育行政の組織及び運営に関する法律」により，教育委員会の公選制が任命制に変更された。さらに1957（昭和32）年には，教員の勤務評定が実施された。

　こうした状況下で，文部省と日教組の対立も深まり，両者は教育政策をめぐって激しい対立を巻き起こすようになる（なお，近年の教師をめぐる動向については，本書第9章から第12章を参照）。

【参考文献】

1）荒井武編著『教育史』福村出版，1985
2）荒井武・小林政吉・牧野吉五郎・前田幹編『教育原理　改訂第2版』福村出版，1991
3）石島庸男・梅村佳代編『日本民衆教育史』梓出版社，1996
4）大庭茂美・赤星晋作編著『学校教師の探究』学文社，2001
5）唐澤富太郎著『教師の歴史』創文社，1968
6）教師養成研究会編『近代教育史』学芸図書，1999（1962）
7）齊藤太郎・山内芳文著『教育史』樹村房，1994
8）高倉翔・加藤章・谷川彰英編著『これからの教師』建帛社，2000
9）花井信・千葉昌弘，石島庸男・福沢行雄・森川輝紀・梅村佳代著『学校と教師の歴史　日本教育史入門』川島書店，1979
10）堀松武一編『日本教育史』国土社，1985
11）松島鈞・志村鏡一郎・天野正治監修『現代学校教育要論－教職教養の教育学－』日本文化科学社，2002
12）文部省『学制百二十年史』ぎょうせい，1992
13）山崎英則・西村正登編著『求められる教師像と教員養成』ミネルヴァ書房，2001
14）山住正己著『日本教育小史－近・現代－』岩波新書，1987

現代社会の子ども

　子どもは，家庭，学校，地域社会のおもに3つの社会集団にかかわりながら社会的発達の過程をたどる。しかし，「家庭の教育力の低下」「地域社会の教育力の低下」「学校の教育機能の肥大と機能不全」といわれるように，20世紀後半の高度経済成長に伴う都市化，産業化，学校化，消費化，情報化の大きな社会変動のなかで，子どもたちの生活世界は大きく変容してきた。

　本章では，子どもの生活世界の現状を検討し，地域社会が子どもの社会的発達にとってどのような意味があり，またそれをどのように再構築していけばよいかを考える。

§1　子どもの社会的発達の過程と社会化

　子どもは生まれてからすぐに人や社会とかかわりながら生きていく。とくに，社会集団とのかかわりのなかで子どもはその発達を支えられている。赤ん坊が生まれて初めて出会う家族は，社会を構成するもっとも小さい単位となる集団であり，その後，保育所や幼稚園，認定こども園などで出会う子どもの集団，保育者の集団，さらに近隣地域の仲間集団，学校の生徒

集団といった具合に，子ども
は年齢の上昇とともにさまざ
まな集団とのかかわりのなか
で発達していく（図4-1）。

　さまざまな集団のなかで人
とかかわり，対面的な相互作
用を繰り返すことを通して，
社会の成員として必要な知識
や習慣，規範，行動様式など
を子どもは習得し，学び，そ
れによって自分が育った社会
の秩序を維持し，変えていく
ことに寄与する成人となる。
さまざまな集団における発達
過程は，個人の側からは，社

下の図は子どもを取り巻く社会的環境を図示したもので
ある。あなた自身の経験を振り返り，社会的環境からど
のような影響を受けてきたか考えてみよう（たとえば，
テレビなどのマスメディアから受けた影響など）。

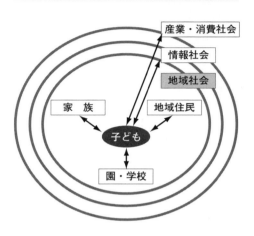

[図4-1]　子どもの社会的発達環境

下の図はある会社員の生涯をグラフにしたものである。あなたの身近な人のライフコー
スを考えて，社会化の様子をグラフにしてみよう。

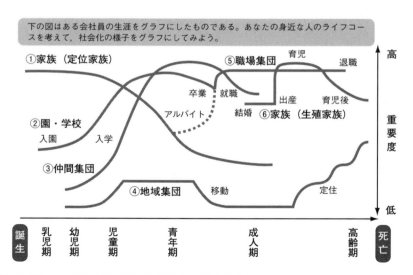

[図4-2]　ある会社員の生涯と社会集団のかかわり

会集団の生活様式を学習し集団に適応しつつ，個性を獲得していく過程として見ることができ，社会集団の側からは，個人に集団の文化を伝達し個人を統制し社会秩序に統合していく過程として見ることができる（図4-2）。

　このように，子どもが社会的に発達する過程を「社会化」といい，社会化において社会集団が子どもに伝達し，子どもが学習する内容を文化という。人は人生全体を通してつねに何らかの社会集団とかかわりながら生きていくので，この社会化の過程は生涯を通じてつづいていく。

§2　社会的発達環境の変容

1．情報社会と消費社会のなかで

　子どもが暮らす生活環境は，20世紀後半の高度経済成長に伴う都市化，産業化，学校化の大きな社会変動のなかで，大きく変容してきた。

　たとえば，子どもたち自身が仲間集団を形成する条件が希薄となり，遊び仲間の規模が縮小して均質化し，多様性が乏しくなった。

　また，日本社会が生活の便利さと経済性を追求するなかで，子どもの遊び文化も子どもたち自身が生み出し，伝え，変えていくものというよりも大人からあてがわれ消費されるものになっていった。たとえば，自然環境から生活世界が遮断されるとともに，自然とどのようにかかわればよいか，という遊び文化が子どもたちの世界に伝承されなくなってしまった。

　さらに，子どもたちは日常的な児童労働から解放され，学校世界に囲い込まれた。学校は擬似的な生活空間で記号的知識や文化を伝える場である。具体的な生活の技能や，祭りや芸能などの地域文化を伝承される機会が減少することによって，保護者以外の地域住民と接し，社会生活や労働のき

まりや技法を身につける機会を失っていった。いわゆる生活体験が極度に減少したのである。

　それに対して20世紀末から子どもたちは，高度産業・消費社会や高度情報社会といった社会環境で育つようになった。たとえば，街にはコンビニエンスストアや自動販売機が散在していて，ほしい物があれば，金銭と引きかえにすぐに手に入ることがよいことである，という社会の価値観と習慣が子どもたちに浸透している。即時欲求充足的な生活態度や行動様式が社会全体によきものとして受け入れられているのである。

　また，みなさんが生まれる前から続く情報環境の革命的変化について考えてみよう。1980年代にはパーソナルコンピューターが登場する一方で電子ゲームが普及した。2000年代には携帯電話を人々が手にする一方で，情報コミュニケーション技術（ICT）の進歩により大量のデジタル情報がインターネットの上で常時双方向にやりとりされるようになった。2010年代には情報を加工するプログラムが入った手のひらサイズのスマートフォンやタブレット端末を個人が所有し，情報が容易に扱えるようになった。一方，情報技術（IT）の有無による個人間，世代間，地域間，国家間の社会的機会や資源獲得の格差（デジタルディバイド）も生まれている。

　情報機器が進展・普及するとともに，子どもは情報の受け手であるだけではなく情報の加工，創造，発信の主体として経験を重ね感性を伸ばしている。ゲームの世界では現実の世界との同期・非同期など，さまざまな形でバーチャルな世界が構築され，そのなかで参加者同士が互いに交流し役割を演じ環境を構築し，経済的な活動まで大規模に展開している。その一方，青少年のインターネット依存が広がり多様な治療方法が必要になった。

　さらに，情報機器はソーシャルネットワーキングサービス（SNS）によって，人間関係や社会的関係の結び方を規定するものとなっている。

　チャットGPTなどAI（人工知能：artificial intelligence）の急速な進歩と深層学習（deep learning）による生活世界のコントロールは，世界と人間の在りようや人々の認識と学習と労働の在り方を変える可能性をはらんでいる。

　このように，学校外の情報空間の変化やSNSを介した人間関係の深まり

は，子どもの社会化のプロセスを変え，対面的でパーソナルな生活指導と，活字中心で組織的・閉鎖的な学習指導の在り方とを，映像や音声を多用した電子的で開放的なものへと変えてゆく。これまでの「学校教育」的なコミュニケーションの様式と機能に大きな変化をもたらすことになるだろう。

2．地域社会の教育力とその低下

（1）地域の教育力とは

それでは，低下したといわれる地域社会の教育力とはどのようなことを指すのか。地域社会が子どもの社会化に果たす役割として，次の 3 点を松原治郎は指摘している。

① 子どもは，地域社会のなかで，家族や，近隣の人々，他の子ども同士などの人間関係を通して，日常的な対面的接触のネットワークに組み込まれる。

② 子どもたちにとって，地域社会は，自然体験や勤労体験，社会参加体験など多面的な生活体験の場となっている。

③ 地域子ども会や青少年団体，地域のサークルなどの活動を行うことで，子どもは地域社会の維持・存続・発展に寄与することができ，地域での人々の生産活動や労働に接するなどしながら，地域への役割参加を体験できる。

これら 3 つの役割を地域社会が果たせなくなってきたことが，地域の教育力の低下といわれる現象である。

（2）地域の教育力が低下したことの意味

家庭や地域の教育力が低下したことの意味について，藤田英典は，①人間形成の在り方が変化したこと，②非行・犯罪・逸脱行動の抑止力・吸収力が低下したこと，③生活や人生の動機づけの源泉や目標の対象が変化し

たこと，④生活構造と生活環境が変容したことの4点をあげている。

　地域の集団や組織が弱体化し人間関係が希薄になったことで，「群れの教育」やしつけが変質し，子どもの生活経験の質と幅が変化した。そのために，①の行動様式や社会性や思いやりの心と態度を形成する力が低下したことを指して，地域の教育力の低下という場合が多い。しかし，藤田の指摘の特徴は，その他の3点にあろう。とくに現代日本では，「克己勉励による立身出世の達成と豊かさの獲得」という努力主義的価値規範がゆるみ，コンサマトリー（即時欲求充足的）な生活態度や行動様式が成人社会の価値観として広まった。これによって，子どもに示される生活や人生の動機づけの源泉や目標の対象が変化した。

　また，高度経済成長期に社会が学校化したことによって，子どもの生活のなかで学校が優位を占め，家庭や地域が従属的で劣った領域となった。このことは，小学生の家事の手伝いといえば使った食器を洗い場に片づけることくらいになり，中学生になるとほとんどの生活が学校に関連した活動や興味で占められて，地域では塾など学校教育の補填活動にあてられてしまうことに象徴される。その後，公的価値よりも私的価値を優先する私化が進み，また，情報化や消費の高度化によって，モノ・情報・刺激によって子どもの感覚や欲求が枠づけられ，そのなかで人間関係が結ばれるようになったことも，地域の教育力の低下の背景なのである。

§3　仲間集団の現状と子どもの社会的発達

1．仲間集団の現状

　さて，地域の教育力といわれるが，それは具体的には地域で子どもが結

ぶ人間関係によって生み出され伝えられるものにほかならない。子どもが地域で結ぶ人間関係には同輩関係と地域住民との関係がある。まずは同輩＝仲間関係から見ていこう。

　子どもの遊びが成立する前提条件として，三間（時間・空間・仲間）と遊び文化が必要であるが，そのいずれも減少してきていることは，よく指摘されることである。三間の減少は，高度経済成長期に生活世界が変容することによって生じた。とくにゆとりを目指した学校週5日制が実施されたころから，むしろ子どもの生活が細切れになり，多忙化してきているのは皮肉なことである。子どもが遊べる時間はまちまちとなり，少子化によって子どもの数が減り居宅間の距離が遠くなったために，子どもたちは群れて遊ぶ機会をもつことがむずかしくなった。子どもの身近な遊び場であった街の路地はほとんど舗装され自動車が行き交うようになり，子どもは危険を避けるために屋内で遊ぶようになる。

　その結果，仲間集団は小規模化，同質化した。10人前後の群れ遊びは少なくなり，3人から5人ぐらいで，しかも同じ学校の同じクラスの仲間と遊ぶことが増えた。以前のように，異年齢でさまざまな特性をもった子どもたちと多様なかかわりをもつことが減り，同年齢で同質の，お互いに気の合う子どもだけを相手に遊ぶようになった。

　また，子ども文化＝遊び文化が伝承されなくなった。本来，子どもたちは遊び文化を創造し，維持し，伝播し，変容させていたし，それが仲間集団を強固なものにしていた。しかし，やはり高度経済成長期を通して，遊び文化の伝承は子どもの世界から途絶えていったといわれる。

2．遊び文化の意義

　それでは，遊び文化はなぜ子どもにとって大切なのだろうか。遊び文化の意義として次の4点を藤本浩之輔はあげている。①遊び欲求を充足させる，②基本的な能力の発達を促進する，③仲間集団の形成と維持の契機となる，④自治的で自律的な子どもの世界を成立させる。

　まず，①遊び欲求の充足であるが，誰でも子どものころ，「たくさん遊んだぁ」と充実した思いを抱きながら，「今日はもうおしまい」と夕焼け空を眺めつつ帰宅した体験があるだろう。よく遊び込んで帰ってきた子どもの顔は，どこか満ち足りていて残り火のようにおだやかに輝いている。あるいは，幼稚園で朝，子どもたちが大騒ぎをしてぶつかり合い，じゃれて遊び合う時間を過ごしたあとは，かえって落ち着いて課題に取り組むことができる，という経験を保育者はもっているだろう。充実した遊びをすることがけじめをもった集団生活にとって肝要なのである。

　遊び文化によって発達する②の基本的能力の内容として，藤本は次の6点をあげている。ⓐ社会的能力の発達，ⓑ保護者から自立する力を養う，ⓒ精神の活性化と，生活経験にもとづく環境への理解の増進，ⓓ自然環境とのかかわりを通した感性の発達，ⓔ心の解放による情緒の安定，ⓕ総合的な身体運動による運動能力・巧緻性・体力の増進。

　これらの能力は教育的に見て重要なものなので，保育者や大人はこれらの能力を発達させるように子どもを効果的に遊ばせようとしがちである。しかし，遊びは本来，自由で自己目的的な活動であるから，これらの6点を目指した活動を遊びとして展開させる，というのは遊びの本末が転倒した状態になる。保育者が設定した遊びを子どもたちに活動させたあとで，子どもがやってきて「先生，遊びに行ってもいい？」とたずねることがある。子どもにとって大人が与えた遊びは果たされるべき「課題」であって，本来の遊びに転換するにはまた別な場面が必要となることが多い。教職につく者としては，これらの能力を増進させる遊びはどのようなものか，と考えるとともに，子どもたち自身の遊び文化として自分たちで遊ぶようになるにはどうしたらよいかと考えることが重要であろう。

　そして，③仲間集団の形成と維持である。遊び文化を仲間集団が豊かに共有することによって，「○○する者，この指とまれ」と遊びを始めるのは容易になり，展開が速くなり，集団活動が継続し，集団の凝集性（まとまり）が増す。遊び集団によって遊び文化は生み出され，維持・変容させられていく。逆に，遊び文化が乏しければ，遊びは細切れになり，集中で

きず，仲間も寄ってこないし集団は分解しやすい。

　最後に，④自治的で自律的な子どもの世界の成立である。遊びの文化を豊かにもっていれば，子どもは大人の介入を排除することができる。逆にもっていなければ，大人のつくった遊び場・ゲーム・指導に依存せざるを得なくなる。たとえば，スポーツクラブや，土曜日を使った「遊びの教室」の活動を通して子どもと大人が触れ合うことは意義深いことである。しかし見方を変えれば子どもたちは遊び文化を共有していないために，遊びを大人に仕組まれ組織されているのであり，そこでは子どもは受動的になり，遊びが課題化し，大人の管理と干渉が子どもの世界に浸透しているのだと考えることができる。

　子どもの遊びと生活経験の乏しさを補填しなければならないという大人や社会の意識は強まっているし，さまざまな企てが講じられている。そのため皮肉なことに，大人の教育的なまなざしから子どもを解放して，子どもたちだけの自治的で自律的な世界へと性質を転換できるかということが，子どもの遊びにかかわる活動の大きな課題となっている。

　一方，子どもたちの世界で伝承される遊び文化が衰退するかわりに，情報・教育産業の手で組織され仕組まれた遊び文化がメディアを通じて，あるいは商品として生活に浸透している。保育者や保護者自身がそのような「子ども向け文化」をよいものとして受けて育ってきており，園も集客力を高めるためにメディアと市場で流布されているキャラクターや子ども向けの文化を利用し教材化している。このように商業的であることが「当たり前」となった子ども文化の意味を，教育の視点から見直す作業も，教職につく者には必要であろう。

3．仲間集団における子どもの社会的発達

（1）子どもの仲間集団の特徴

　子どもの仲間集団の特徴として，住田正樹は，①自発的選択性，②対等

性，③流動性をあげている。子どもたちの仲間集団は基本的に遊び集団と
して成立する。遊び相手を子どもは自由に選び合い，互いに地位の上下の
ない対等な関係を結び，時と場，遊びの内容によって遊び相手と遊びのな
かでの役割を変えていく。

（2）子どもの仲間集団と社会的発達

　仲間集団は対等な他人の集まりなので，もともと対立や葛藤の発生要因
を内包している。子どもは自分が育った家庭の習慣や言動，見方や考え方
を「当たり前」のものとしてもちながら仲間と出会う。しかし，仲間は自己
とは異なる「当たり前」を前提とする「他人」なので，必然的にぶつかり合
い＝葛藤が生じる。このような他人とのぶつかり合いを通して，子どもは自
己を意識し自己を統制し，他人を理解することを学び，他人の権利を認めら
れるようになる。これを「他人性の存在の経験」と住田はよんでいる。

　簡単にいえば，けんかを通して子どもは育つのであり，自己中心的な見
方から脱却して自分を相対化して客観視し，他人の見方を考慮に入れるこ
とができるようになるのである。園や学校で「みんな仲良く」という規範
を第一に守らせようとするのは，子どもが社会的に育つきっかけを奪うこ
とになりかねない。遊び仲間は対等なかかわりなので，自分を守るものが
なく，他人からの容赦のない拒否や否定にさらされる場合も多い。その意
味では厳しい世界である。一度は仲間からはぐれた子どもが，やはり仲間
と遊びたいという欲求に押されて仲間の世界に帰り集団をつくり直して
「仲直り」を体験する。仲間との遊びの魅力が大きければ，仲間集団は葛
藤により解体する危機を乗り越え再結成されていくことができる。

　また，仲間集団が自治的で自律的なものであれば，権威によらず，仲間
集団で自主的につくった規則や規範を自律的に遵守するようになる。ある
いは規則を破る者がいれば自分たちで制裁をくだす。遊び仲間との活動を
通じて社会規範が内面化される契機となるのである。

（3）仲間集団の現状と問題点

　これまで，遊び文化を共有した仲間集団が子どもの社会的発達にとってどのような意味をもつかを考えてきた。しかし，小規模となり同質性を高めた現代の子どもの仲間集団について，次のような問題点が指摘される。

　1つ目は，仲間集団の多様性が失われたことにより，「他人性の存在の経験」の幅がせまくなることである。2つ目は，仲間集団の凝集性（まとまり）が低下し，役割の分化がなくなるため，リーダーがおらず，統率力が低下し，集団独自の規範をもって自律的な道徳へと子どもを社会化できない点である。3つ目は，交友することを目的とした小規模な仲間集団では自己に肯定的な他者ばかりを選択する仲良し集団になるので，葛藤が回避され，自己への否定的な評価を受けることが減少するとともに，けんかと仲直りの過程を繰り返す体験が得にくくなることである。仲間集団は家庭で身につけた「当たり前」の見方や考え方，振る舞い方が，他人と出会いぶつかり試行錯誤することを通して再構成され，社会へ漸次的に自己を適応させていく準備段階なのだが，このはたらきが乏しくなってしまう。

　地域社会での仲間集団の現状を考えると，学校や園は，異年齢でさまざまな特質をもった子どもたちが接する数少ない機会となる。このことを踏まえ，保育者や教師は，クラスづくりをするなかで子どもたちのなかに遊び文化として群れ遊びを取り入れ，仲間集団を意図的に形成し経験させる役割を担う。その過程で子どもたちの間に葛藤状態が発生することを予想し，また期待していく。いたずらに葛藤を抑制するのではなく，けんかが子どもの発達にとってもつ意味と，そこに大人がどう介入し支援すべきかを，集団づくりの視点をもって検討し，保護者も交えた大人同士でよく考え合っていくことが大切である。子どもの心には光も闇もあり，協調することもあれば攻撃し合うこともある。その両面を受容しながら，子どもたちが他者とかかわり合い，葛藤し，それを解決する経験を豊かにできるよう配慮することが，保育者や教育者の役割である。

§4　地域社会の教育力の再構成

1．地域住民とのかかわり

　地域の教育力は，地域住民と子どもとの人間関係のなかでつくられ伝達されるものである。子どもとあいさつをしたりいっしょに活動し働いたりするなかで，子どもをほめ，叱り，誘っていく働きかけが，無意図的であれ計画的であれ，子どもの人間形成に大きな力をもつ。

　子どもの社会化の過程を，家庭での養育やしつけによる第1次的社会化，地域や近隣の人間関係や遊び，親の仕事への参加による第2次的社会化，そして学校教育のなかで実現される第3次的社会化の3つに汐見稔幸は区分している。このうち，都市化による住民の移動と地域組織の解体によって第2次的社会化がうまく実現できなくなり，それが家庭の育児負担の過重や学校の機能肥大へと結びついているという。

　この第2次的社会化の機能をどのように再創造していくか，そのために地域社会を再編すべく，家庭と園・学校と地域社会はどのように連携していくことができるか，ということが大きな課題である。地域社会の再編にとって学校や園が核となることが期待され，コミュニティ・スクールの取り組みや地域と学校が連携した安全活動の実践や研究が進められている。

　また，2024（令和6）年より市町村にこども家庭センターが設置され，妊娠期から子ども期全体にわたって子どもの育ちと子育てを支援し，マネジメントする体制が整えられる。子どもたちを教育するとともにケアする当事者・関係主体として，さまざまな地域住民がNPOや団体を組織し，子ども食堂や子どもの居場所づくりなどの活動を展開している。身近な地域での活動に関心を持ち，できれば参加してみよう。

2．教育者に求められる視点と力量

　近年，学校教育が抱える課題は，複雑さを増し困難なものとなっている。また，学校の教師は多忙であり，働き方改革の焦点にもなっている。したがって学校は，「開かれた学校」から一歩踏み出して地域の人々と目標やビジョンを共有し，地域と一体となって子どもたちを育む『地域とともにある学校』に転換し，こども基本法に即してケアと教育の両面にわたって地域と連携・協働する必要がある。そのためには，学校と地域の諸機関・団体がネットワークを形成するとともに，地域全体で学びを展開していく一体的・総合的な体制を構築し，学校を核とした地域づくりをめざしている（中教審答申，平成27年12月）。

　このような教育改革の動向や行政施策の趨勢に棹さす以前に，教職につく者としては，地域社会の特質と変容をどのように理解してかかわるかを学ぶ必要がある。とくに，子どもたちが育つ家庭の実態や価値観が多様化するなかで，さまざまな家庭的背景をもった子どもたちに特定の価値観を押しつけることはできない。したがって，園や学校で働く教育者は，子どもが所属する家庭と地域の実態を的確に把握したうえで保護者の影響を考慮に入れながら，家庭や地域住民と連携する個々の方策を開発する力量がこれまで以上に必要となっている。そのためにはまず，家族と地域社会やコミュニティについて理解するために，教育社会学だけではなく，家族社会学や地域社会学の研究方法と成果を学ぶ必要があろう。

　さらに，子どもを教育する目的は，社会を継承し改革し創造していくことができる市民を育成することである。市民の育成には学校で擬似的な社会体験をするだけでなく，子ども自身が地域とかかわりながら，共同性と地域社会感情をもったコミュニティを形成する大人たちの活動に触れ，子どもたち自身もまちづくりに参画する機会をもつことが必要である。

【参考文献】

1）玉井康之・夏秋英房『地域コミュニティ教育―地域づくりと学校づくり―』放送大学教育振興会，2018

2）ベネッセ教育総合研究所「『子どもの生活と学び』研究プロジェクト」（https://berd.benesse.jp/special/childedu/data/?utm_source=research_top&utm_medium=research&utm_campaign=research_to_p_child　2024年1月5日閲覧）

3）内閣府『令和4年版　子供・若者白書』2022（これ以降は，こども家庭庁が子ども・若者のデータを集約し，発表する予定である）

4）日本子ども社会学会「特集：子ども社会研究における〈子ども〉理解のいま」『子ども社会研究』28巻，2022

第2部

子どもの生活と援助

　幼稚園・保育所・認定こども園などでは，一日を単位とした生活の流れのなかで遊びを中心として保育内容が構成されている。「時間割」ではなく，「一日の流れ」で考えるところに幼児教育の特色がよく表れている。自然な生活と子どもの主体的な活動を通して成長を助けることが大切である。遊びとは何か。遊びを通した指導と教師の役割とは何かをここで読み取ってほしい。

　また，幼稚園・保育所・認定こども園などと小学校との違いはどこにあるのだろうか。「授業」の見方・とらえ方の観点から両者の教育を比較してみよう。

　そして，もしあなたが家庭科の先生になったら，どのような仕事が待っているのだろうか。先生になったつもりで読んでみることにしよう。

第5章 幼稚園・保育所・認定こども園の生活と遊び

§1 幼稚園・保育所・認定こども園の クラス担任の一日と一年

1. 幼稚園・保育所・認定こども園の生活

（1）幼稚園と保育所と認定こども園

　幼稚園と保育所と認定こども園はどのような違いがあるのだろうか。

　幼稚園は，学校教育法で学校と定められている教育機関である。満3歳から小学校就学前の子どもを対象としている。

　一方，保育所は，児童福祉法に基づく児童福祉施設である。対象とする子どもは，保護者の就労など「保育を必要とする」0歳児から小学校就学前までの乳幼児である。2006（平成18年）度からは，幼稚園と保育所の機能を併せもった「認定こども園」も設置されている。

　また，保育所と認定こども園は，入所していない地域の親子に対しても遊びの場を提供しつつ，緊急一時保育を行う等の子育て支援を行っている。乳幼児の保育に関する相談に応じ，助言する等の社会的役割も担っている。

　それぞれは設置目的および制度に違いはあっても「保育」として共通に

考えていくことができる。いずれの場であれ，保育者は，子どもとの信頼関係を軸に心の安定を図り，一人一人が自己を十分に発揮できる環境を構成していくことが大切である。

（2）子どもと保育者

　クラスを担任するといったときに多くの人が思い浮かべるのは "指導する先生" と "指導される子ども" といった図ではないだろうか。しかし，クラスを運営していくということは，教室（保育室）の中で単に「教える」ことを媒介に時間・空間を共有することではない。

　津守真は「教師はもともと人間を育てる保育者である」とし，「保育者は子どもの側に立って子どもとかかわる人である」「保育者は一方的に教えるのではなく，いっしょに笑い，子どもとともに何かをする人である」[1] と述べている。

　子どもといっしょに考え，ともに笑い感動し，ときにともに悲しみ叱るなど，"教える側" と "教えられる側" という枠組みを越えて，対等な人間としてかかわり合うことである。かかわりのなかで子どもを見，一人の人間としての尊敬の念をどの子にももち，担任自身が子どもから学ぼうとする姿勢をもつ。そのなかで一人一人のよさを発見し，それぞれの子どもの可能性を引き出し伸ばしていくことがクラスを担当していく保育者の大事な役割である。

　それは，子どもを理解し信頼関係を築き発達の援助を行うことでもある。

2．幼稚園・保育所・認定こども園の一日

（1）一日の流れ

　幼稚園や保育所，認定こども園の一日は，小中学校と違い，1時間ごとの時間割で区切られているわけではない。一日を単位とした生活の流れのなかで，遊びを中心として組み立てられていく。朝登園してから降園す

＜表5-1＞　ある幼稚園・保育所の一日（幼児クラスの例）

保育所（3歳以上）	認定こども園（3歳以上）	幼稚園
7：30　順次登所 　　　　早朝保育（3・4・5 　　　　歳児合同）	7：30　順次登所 　　　　早朝保育（3・4・5 　　　　歳児合同）	（8：00　早朝の預かり保育 　　　　開始） （8：30　バス乗車による登 　　　　園開始）
8：30　クラス活動 　　　　遊び	8：30　クラス活動 　　　　遊び	9：00　順次登園 　　　　遊び 　　　　クラス活動
11：30　昼食 12：30　午睡 14：30　目覚め 　　　　おやつ 　　　　遊び	11：30　昼食 　　　　遊び 13：30　1号認定園児^{注1)}・ 　　　　帰りの会・降園 13：30　2号認定園児^{注2)} 　　　　遊び	11：30　お弁当 　　　　遊び 　　　　帰りの会 13：30　降園 　　　　（バス乗車による降園開始）
16：30　順次降所 　　　　（3・4・5歳児合同） 18：30　延長保育（1〜5歳 　　　　児合同） 19：30　全員降園	年少児は午睡をする 　　　　こともある 15：00　おやつ 　　　　遊び 16：30　順次降園 　　　　（3・4・5歳児合同） 18：30　延長保育（1〜5歳 　　　　児合同） 19：30　全員降園	14：00　預かり保育（各クラ 　　　　ス合同） 18：00　全員降園

注1）1号認定　3歳以上の教育時間4時間のみの園児
注2）2号認定　3歳以上の保育標準時間11時間園児もしくは保育短時間8時間の園児

るまでのなかに，経験したい保育内容が，スムーズで無理なく構成されていくことが望ましい。

（2）保育時間

　保育ニーズの多様化，子育て支援の観点から各幼稚園・保育所・認定こども園の開園時間は多様化し，長時間化してきている。

　幼稚園は1日4時間の教育時間を標準としている。ただし，「幼児の心身の発達の程度や季節などに適切に配慮すること」[2]とされている。希望者を対象として教育時間を超え，朝・夕の「預かり保育」を行うところが増えている。

　保育所の保育時間は原則8時間である。しかし，保護者の就労状況や多様な保育ニーズに合わせて個々人の保育時間が決められている。多くの保育所が保育標準時間11時間を超えて延長保育を行っている。

　認定こども園の保育時間は保育所と同様である。しかし，同じ認定こども園の中に，教育時間のみ（おおむね4時間在園して幼稚園児と同様に降園）の園児と，長時間の園児（8時間以上在園）がいるので，子どもの心身の状況に配慮し，工夫して保育する必要がある。

3. 一日の流れと保育者の仕事

　長時間の保育では家庭とのつながりが重要になり，家庭における子どもの育ちも視野に入れた一日の流れを考えることが必要になる。子どもが低年齢児であるほど，24時間のなかでデイリープログラム（次ページ，表5-2参照）をとらえることが必要になる。

（1）朝〜子どもを受け入れる

　保育者の一日は忙しい。安全点検，教材の準備等々，子どもが登園する前にさまざまな保育の準備をする。準備をしながら「A子は飼育当番を覚えているだろうか，昨日のB男とC男のけんかの傷は大丈夫だったか，保護者同士はわだかまりができていないだろか，昨日元気がなかったD子はどんな表情で今朝は登園してくれるだろう」など，親と子ども双方への昨日の反省を踏まえながら，今日一日のねらいが，今の子どもたちの姿とかけ離れていないか確認していく。

　子どもの受け入れ前に，保育者間で簡単な今日の保育について打ち合わせ共通理解を図る。早朝の合同保育からクラス保育に移行するときは，当番保育者からクラス保育者へ必要な情報をしっかりと伝達していく。

　幼稚園は，園バスによる登園児も多い。クラス担任が保護者と顔を合わせるとは限らないのでバス乗車担当者は親からの連絡事項等を正確に伝える。

　いよいよ子どもたちが登園してくる。気持ちのよい朝のスタートが切れるよう，あいさつの大切さを心がけながら子どもを受け入れる。一日の期待がふくらむような声をかける。保護者と気持ちよくあいさつを交わし，

<表5-2>　ある保育所・認定こども園の2歳児クラスデイリープログラム

時間	保育者の動き
7：30	**早朝保育** ・「おはよう！」と元気に声をかけ，子どもの気持ちをしっかり受け止め，保護者にも気持ちよくあいさつを交わし安心感がもてるようにする。 ・視診し，保護者からの連絡事項を確認し，クラス担任に引き継ぐ。
8：30	**順次登園・遊び** ・早番の保育者から連絡事項を確認する。 ・子どもと保護者と気持ちよくあいさつし，一日の期待がふくらむような言葉かけをする。 ・登園した子どもを視診し，健康状態（顔色・機嫌・病気の有無全身の状態等）を把握する。 ・個々の興味・発達に応じた遊びを用意する。
9：30	**おやつ・排泄（随時）** ・排泄は子どもの意思を尊重しつつ，生活の節目で誘いかける。 ・月齢や季節によって食べる場所を工夫する。 ・夏場は水分補給を忘れずにする。
10：00	**遊び（室内遊び・外遊び・散歩・行事など）** ・季節や子どもの発達を考慮し幅広い活動を取り入れる。 ・興味関心に応じた遊びの環境を設定し，十分楽しめるようにする。 ・子どもの気持ちを尊重しトラブルを仲介する等，安心して遊べるようにする。 ・危険のないよう配慮する。 **片付け** ・子どもの様子や遊びの展開を見ながら片付けに誘いいっしょに片付ける。 ・遊具は子どもにわかりやすいような表示や場所を決めるなど工夫する。 **着替え・手洗い** ・遊びで汚れた衣服を着替えるよう促し援助する。 ・手洗いは手を添えて洗い方や拭き方を知らせる。
11：30	**食事準備・食事** ・給食を配膳する。子どもを食事へ誘う。 ・落ち着いて食事ができるテーブルの配置を工夫する。 ・いっしょに食べながら楽しい雰囲気をつくり，子どもの様子（食欲・偏食・姿勢・食器類の使い方等）に応じて言葉をかける。 ・食事後のうがい・歯磨き，食器の片付けなどをいっしょに行う。

（時間）	（保育者の動き）
12：30	**午睡準備・着替え・静かな遊び** ・午睡室の準備をする。 ・食事が終わった子どもから穏やかに遊べるよう，絵本などの静かな遊びを用意しておく。 ・子どもの着替えを見守りながら，できないところを援助する。着替えを手伝いスキンシップを図り，全身の観察をする。（健康状態のチェック）
13：00	**午　睡** ・側にいて見守り，個々にかかわり気持ちよく安心し入眠できるようにする。（素話・音楽・子守唄など） ・室内換気に気を配り，午睡中変わったことがないか健康状態を観察する。 ・午睡を見守りながら，連絡帳・日誌などを記録する。
14：30	**目覚め** ・目覚めた子どもから声をかけトイレに誘う。健康状態を把握する（体温測定等）。 ・着替えの援助をする。おやつの準備をする。
15：00	**おやつ** ・楽しく，ゆったりと落ち着いて食べられるようにする。
16：00	**おやつの後の遊び・降園準備** ・環境の設定を工夫し，子どもが落ち着いて遊びながら迎えが来るのを待つことができるようにする。 ・夕方は疲れ，トラブルや事故も多くなるので「心の状態」や安全にとくに気を配る。 ・迎えに来た保護者に一日の様子（健康状態，遊びの様子等）を伝える。
17：00	**遅番保育・延長保育** ・遅番・延長保育者に申し送りをする。 ・異年齢児合同のなかでも落ち着いて遊べるよう配慮する。
18：30	**補　食** ・軽い食事をいっしょに食べ，さびしい気持ちにならないようお迎えを待つ間の遊びやかかわり方を工夫する。 ・園での様子を伝えながら保護者の気持ちを受け入れ，順次，子どもを引き渡していく。
19：00	**全員降園**

連絡事項を受け取る。子どもの健康状態を視診し，心の動きを読み取る。朝の支度（連絡帳や着替え等の持ち物の準備）を見守り，援助する。

（2）遊びとクラス活動～環境を用意する

　子どもは日々たゆまず発達していく存在である。その発達は，家庭，地域，幼稚園・保育所・認定こども園，学校というさまざまな場で，子ども自身が生活体験を積み重ねていくことにより促される。子どもの生活の中心は遊びである。さまざまな生活習慣などの行動も遊びのなかから体得していく。楽しく安定した大人とのかかわり，落ち着き安心できる生活空間のなかで子どもは安心して自分を表現していくことができる。子どもの思いを汲み取りながら，個々の興味関心を広げることのできる素材・遊具・出来事に出会える準備をする。それぞれの年齢，発達や個々の子どもの興味関心を的確に捉え，指導計画を作成し，思いっ切り遊べる場，自然と触れ合える環境，子ども同士の触れ合いや友達関係が育める場等，発達に応じた環境設定をすることが大切である。

　保育者は，安全に配慮しながら，子ども一人一人が十分に遊び込めるよう配慮する。ときにはいっしょに楽しみ，その場の雰囲気を盛り上げ，遊びを広げ展開していく。子どもが興味をもったことにじっくり取り組めるよう，時間や空間をつくり出していくのも担当保育者の大切な役割である。

　このように，遊びを中心にした活動が生活のなかに無理なく溶け込めるよう一日を構成していく。昼食まで自由に保育室・園庭で自分の遊びを展開することもあれば，楽器遊びやリズム活動などを行うこともある。園全体で集会をする，クラス単位で製作に取り組むなどさまざまな活動が考えられる。公園に出かけたり，農業体験をしたり地域の行事に参加したりと園外活動に取り組んでいく場合もある。

（3）昼食～生活場面

　昼食とその前後の準備や片付けの時間はさまざまな生活体験から学んでいく大事なひとときである。

　子どもたちの遊びの流れを見極めながら片付けを促し，昼食の準備をする。手洗い，排泄，（ときには着替え），給食（お弁当）の準備・配膳という一連の流れのなかで，子どもは発達の段階に応じた望ましい生活習慣を身につけていく。年長児は，当番活動や年少児の子どもたちの手助けをする等の経験を通し成長していく。

　保育者は，子どもの自らやろうとする気持ちを大切にしつつ，各年齢の発達に合った援助をしていく。子どもといっしょに食事をしながら楽しくマナーを伝える。苦手なものも少しずつ食べるよう励ますなど食育にも取り組み一人一人の状態に気を配る。毎日の繰り返しのなかで望ましい生活習慣が身につくよう援助し，励ましていく。幼稚園では昼食後の遊びの時間や帰りの会などを持ち，明日へ期待をつないで，降園時間を迎えている。

（4）午睡〜休息

　長時間集団保育をしている保育所や認定こども園において体を休めることは，健康上，精神的にも肉体的にも必要な活動である。とくに3歳未満の低年齢児では重要な活動である。3歳児以上の幼稚園の預かり保育で午睡は行われていない。

　子どもたちに排泄や着替えを促し，年齢に応じた援助をし，昼寝の準備をする。着替えのときには個々の状態をよく観察し健康状態の把握に努める。落ち着いて気持ちよく入眠できるよう，午睡前の遊びは静かな遊びを心がける。絵本を読む，素話をする，静かな音楽を流す・子守唄を歌うなど心地よい環境をつくる。午睡中，保育者は午睡室にかならず入り，子どもの様子に変化がないかよく観察する。とくに0歳児のうつぶせ寝など午睡チェックはSIDS（乳幼児突然死症候群）の予防に重要である。

　子どもたちが午睡の間に連絡帳を記入し，保育者間の打ち合わせを行い，保育環境の整備や教材準備等を行う。

（5）おやつ〜遊び

　目覚めた子どもから排泄・着替えを促す。おやつを楽しく食べることが

できるように準備をする。おやつ後，子どもたちが落ち着いて遊びながら保護者が迎えに来るのを待てるように，環境を整える。夕方の遊びは，年齢に応じて，園庭・保育室等で自由に遊ぶ場合が多いが，一日の疲れもあり，トラブルも多いので安全への配慮が欠かせない。

（6）降園・延長保育へ

　迎えが来た子どもから順次降園する。3歳児以上のクラスでは帰りの会をもち一日を振り返り，自ら帰りの支度をする園が多い。

　保育者は，迎えに来た保護者に一日の様子を伝えていく。預かり保育・遅番，延長保育に移行するにあたっては，しっかりと保育者間で伝達事項を確認していく。ちょっとしたけがでも正確に伝わっていないと保護者の不要な心配を招き信頼関係を損ないやすい。

　延長保育時間は安全に配慮し，ゆったりと落ち着いた家庭的な環境を心がける。異年齢の子ども同士が楽しみながら迎えが来るのを待てるよう配慮する。

　夕方に軽食を用意する園が多い。栄養としての観点だけではなく，ほっとできる時間帯という意味合いも大事にしたい。迎えの遅い子どもが心細い思いをしないよう，保育者の温かな配慮が必要とされる。

（7）保育を記録する

　一日が終わり，保育者は今日の一日を振り返って保育の記録を記入する。クラス全体の様子・子どもの活動の状況・子ども同士のかかわり等についてどのようであったか記録する。環境構成は適切であったか，保育者の子どもに対する援助はどのようにされたか等，保育の経過や結果を記入していく。保育者自身の言動を振り返って，自らの保育を評価・反省し明日の保育に生かしていく。記録することで，子どもの姿を客観的にとらえ直し，次の保育の課題・援助の在り方，指導計画の見直しへとつながっていく。記録を取り検討することは，園全体の保育水準を高めていく活動でもある。

４．幼稚園・保育所・認定こども園の一年

　幼稚園の毎学年の教育週数は39週を下回ってはならないとされている。それに基づき，夏休み，冬休み，春休みが園ごとに決められている。

　一方，保育所と認定こども園は年間を通して開所しており，日・祭日および年末年始のみが休園日である。さらに保護者の就労を支え，多様な保育ニーズに応えるため，休日・夜間保育や年末年始保育を実施している園もある。

　保育者は，幼稚園・保育所・認定こども園における一年間の生活に見通しをもって年間計画を立て子どもと生活を共にしていく。子どもの成長と実態を的確に把握し，自らの保育の計画を評価反省し，実態にそぐわなければ修正し立案し見直しを行う。毎日の評価・反省が次の日に生き，週ごと，月ごとの評価反省が翌週月に，それが積み重なって期の評価反省となり一年間を実りあるものにしていく。子どもといっしょの生活は毎日がいきいきと活力に満ちており二度と同じ場面は再現できない。それだけに責任も重く，しかし充実感も大きい。

（１）行事と園生活

　園生活の充実を図るために，どの幼稚園・保育所・認定こども園でもさまざまな行事を取り入れている。行事を取り入れることで保育内容が豊かになり，ときには成果をまとめ，子どもの成長を確認することもできる。さらに節分，ひな祭り，お祭りなどの地域社会の行事を体験することで文化が次の世代に伝承されていく。行事のなかで親と子ども，親と保育者，親同士，地域と園が共に子どもの成長を喜び合い，親近感を増しながら成長し合えるよい機会にもなる。行事は，親が子どもの成長の姿に感動し，明日への子育ての活力になるなど子育て支援の側面ももっている（次ページ，表5‐3参照）。

＜表5-3＞　ある保育所の年間行事表

月	行事予定	健康関係	保護者関係	地域関係
4月	入園式	春季健康診断	クラス別保護者会	
5月	こどもの日の集い 春の遠足	細菌検査	保育参加 個人面談	地域教育農園田植え
6月	時の記念日	歯科検診 眼科健診	保育参観・参加 グループ面談	プレママ・パパへの保育 見学・相談
7月	プール開き 七夕祭り	プール前の健康 診断	家庭訪問 親子お楽しみ会	高齢者との交流 小学校との交流（毎月）
8月	夏祭り 夏季合同保育お楽しみ 会			地域納涼盆踊り会 近隣園との交流
9月	お月見 敬老会		子育て講演会	高齢者ホーム訪問
10月	運動会 秋の遠足	秋季健康診断	保護者会	地域農園稲刈り 地域親子の体験保育
11月	お店屋さんごっこ	細菌検査	保育参観・参加 交通安全教室	地域農園芋掘り 小学校訪問（年長）
12月	年末子ども会 作品展		個人面談	餅つき大会 中高生受け入れ
1月	新年子ども会			地域凧揚げ大会
2月	豆まき 発表会		保護者会	近隣園合同のお楽しみ会 （年長）
3月	ひな祭り・お別れ遠足 就学進級お祝い会 卒園式		親子カレーパーティー	
毎月	避難訓練 誕生会	身体測定 乳児健康診断 （毎週）		地域保護者向け遊びの講座 園庭開放・相談会（毎水曜日）

（2）春

　新年度，どの園も新入児を迎え，忙しいなかにも希望がいっぱいの新しい生活が始まる。低年齢の新入園児であれば保育室から泣き声が重なり合って聞こえてくる時期である。保育者は，子どもたちが一日でも早く安心して新しい生活に慣れ，笑顔で登園できるよう，信頼関係をつくることに力を注ぐ。担任は一人一人の気持ちを受け止め，のびのびと遊べる環境を心がける。

（3）夏

　子どもたちも園生活のリズムに慣れて安定し，まとまりの時期を迎える。子ども同士もかかわり合って楽しむ姿が多く見られるようになる。保育者は，一人一人が十分に自分を発揮しながら，遊びを発展できるように環境を構成する。さらに，興味関心を広げていけるように援助していく。

　夏の日差しの下，砂・泥・水に親しみ，子どもたちは心も体も開放し身体全体で遊びを楽しむ。プール遊びでは水しぶきとともに歓声が上がり，保育者も子どもたちと一体感を味わいながら共に喜びを共感し合う。

　夏休みに入る幼稚園児だが，お泊り保育，プール遊びなどの夏期保育を経験する。保育所には夏休みはないが，異年齢児がかかわり合って遊びや生活をするなど，夏ならではの経験をして成長していく。認定こども園では，夏休みに入る子どもと，夏の間も登園してくる子どもが在園するが，どの子どもも，夏ならではの体験ができるように心がけるようにしたい。

（4）秋

　幼稚園の夏休みは終わり，交代で休むことの多かった保育所の子どもたちと夏休みをとっていた認定こども園の子どもたちも全員の顔がそろい，園全体が盛り上がりのときを迎える。夏ならではの体験を経て，一回りも二回りも成長した子どもたちを迎える秋である。運動会，遠足，お店屋さんごっこ，生活発表会など，この時期に行事を計画している園も多い。保育者は，子どもの姿をしっかりとらえ，どの子どもも行事や活動に主体的に取り組めるよう配慮する。子ども同士の関係もその年齢ごとの深まりを見せてくれる時期でもある。活動を一つ経験するごとに子どもたちが飛躍的に成長していく姿を見て，保育者も親とともに喜び合い保育に誇りを感じる時期でもある。

（5）冬

　子どもたちも成長しまとめの時期を迎える。一年間の園生活で多くの経

験をしてきた子どもたちは，たくさんのことを吸収し，大きく成長してきている。この時期は充実の時期でもある。

　クラスの子どもたちの成長を実感しながら就学・進級に向けて準備を進めていく。年長児の担任は，卒園制作，卒園文集づくりなど卒園に向けての活動に取り組み余念がない。一人一人が小学校への就学に期待をもちながら，不安なく充実した園生活最後のときが過ごせるようにと，気持ちを込めてかかわっていく。必要に応じて小学校と連携を取り，親の心配に応え，残り少ない園生活を一日一日大事に過ごしていく。

　低年齢児の子どもたちも，一つずつ大きくなることに期待をもって生活している。保育者は，それぞれの子どもが進級してからの生活にスムーズに入れるように配慮を怠らない。

　同時に来年度新しく迎える子どもたちのための準備の時期である。保育者は，子どもたちの成長を喜び，満足感を感じながらも送り出すさびしさを同時に味わう。新年度に向けて，心の準備をしつつ一年を締めくくる。

§2　幼稚園・保育所・認定こども園の遊び

1．遊びとは

（1）遊びの特性

　乳幼児の生活のほとんどは遊びによって占められている。砂場での遊び，積み木やブロックでの遊び，ままごと遊び，描画など，その遊びはさまざまである。

　砂場で遊ぶ子どもたちの様子を見てみよう。そこには，スコップを使っ

て穴を掘ったり砂を積みあげたりして，もっと深い川，もっと高い山を作ろうと夢中で遊ぶ子どもたちの姿が見られる。水を流し，砂にしみこむ様子を見るその顔は真剣そのもので，刻々と変化する状況に驚きや喜びの声をあげる。また，ままごとでは，家族の姿が演じられ，人形を赤ちゃんに見立てて世話をしたり，料理を作ったりする姿が見られる。子どもたちは，すっかり役になりきって表現を楽しむ。夢中になって遊ぶ子どもの顔は，みないきいきと輝いている。

　遊びとは何であろうか。遊びについては，これまで多くの研究者が論を唱えている。ホイジンガ（Johan Huizinga，オランダ，1872–1945）は，「遊びとは，あるはっきり定められた時間，空間の範囲内で行われる自発的な行為，もしくは活動である。遊びの目的は行為そのもののなかにある。それは緊張と歓びの感情を伴い，日常生活とは別のものという意識に裏付けられている」[3] と定義している。ロジェ・カイヨワ（Roger Caillois，仏，1913–1978）は，遊びを，1．アゴン（競争）：運動や格闘技，子どものかけっこ，ボクシング，2．アレア（偶然）：くじ，じゃんけん，ギャンブル，3．ミミクリ（模倣）：演劇，ものまね，ままごと，4．イリンクス（めまい）：ブランコなどの4つに分類している[4]。

　ほかには，活動の主体にとって楽しいこと，他の目的の手段になっていないこと，強制感をもたないことを遊びの本質としている[5] ものもある。高橋は，自由で自発的活動，おもしろさ，楽しさ，喜びを追求する活動，その活動自体が目的（高橋たまき 1984）と述べている。ほとんどの遊びの研究者たちが受け入れている特徴としては，次のことがあげられる。

① 遊びは，自由な活動である。
② 遊びは，自発的な活動である。
③ 遊びは，自己目的的な活動である。
④ 遊びは，楽しさや緊張感を伴う活動である。[6]

　子どもは，遊びのなかでいろいろな“もの”にかかわり，その“もの”

を何かに見立てたり，また何かのつもりになって振り行動を行ったりする。そこでは，何かができるようになるといった目的で遊ぶのではなく，楽しさが基本にあり，活動自体が目的となる。子どもたちは，遊ぶなかで，自分のまわりの環境についての知識や，環境へのかかわり方，社会的なルールなどを学ぶ。楽しく遊ぶための工夫をしながら，言葉や，想像性，表現力，観察力，思考力，技能など，あらゆる面を発達させていく。その意味で遊びのなかには多くの学びの要素があるといえる。それは，生きていくために必要な力でもある。

（2）遊びの分類

　子どもの遊びにはさまざまな遊びが見られ，それらは，いくつかに分類することができる。遊びの分類に関しては，多くの研究者が何らかの基準の下に分類している。

　もっとも一般的な分類は，遊びの内容による分類である。ビューラー（Karl Buhler，独，1879-1963）の分類は，心身の発達や遊びの体験によるもので，①機能遊び（身体を使って楽しむ遊び），②想像遊び（ごっこ遊びや，振り遊び），③受容遊び（絵本やテレビなど，外界からの文化的刺激を受け入れる遊び），④構成遊び（ものを作る活動，積み木等の組み立て遊びなど）である[7]。ピアジェ（Jean Piaget，スイス，1896-1980）は，子どもの認知の発達段階を基準に，機能遊び，象徴遊び，ゲームという3種類に分けている。また，遊びの場での対人関係を基準に，一人遊び，並行遊び，連合遊び，共同遊びという分類も見られる。このように，遊びにはさまざまな分類の仕方があり，遊びの内容による分類には統一した基準はない[8]ということである。

　一方，「○○遊び」という名前のつかないような遊びもある。触ったりなめたり，大人からすれば，いたずらと思えるような探索的なものも遊びである。保育実践において，こうした遊びの分類を知ることは，子どもたちの発達や援助の仕方を考える視点にもなるだろう。

2．保育のなかでの遊び

（1）遊びを通しての総合的な指導

　「幼稚園教育要領」「保育所保育指針」および「幼保連携型認定こども園教育・保育要領」では，遊びは「子どもが環境にかかわって生み出す自発的な活動」ととらえられている。幼稚園教育では，環境を通して行うものであることを基本とするとし，重視する事項の一つに「幼児の自発的な活動としての遊びは，心身の調和のとれた発達の基礎を培う重要な学習であることを考慮して，遊びを通しての指導を中心として第2章に示すねらいが総合的に達成されるようにすること」[9]と明示されている。

　また，「保育所保育指針」では，「子どもが自発的，意欲的に関われるような環境を構成し，子どもの主体的な活動や子ども相互の関わりを大切にすること。特に，乳幼児期にふさわしい体験が得られるように，生活や遊びを通して総合的に保育すること」[10]とある。

　「幼保連携型認定こども園教育・保育要領」には，「乳幼児期における自発的な活動としての遊びは，心身の調和のとれた発達の基礎を培う重要な学習であることを考慮して，遊びを通しての指導を中心として第2章に示すねらいが総合的に達成されるようにすること」[11]とある。

　つまり，就学前の教育・保育においては，自発的な活動としての遊びを通して，心身の調和のとれた全体的な発達の基礎を築いていくことが重要になるのである。

　子どもの心身の諸側面は，それぞれが独立して発達するものではない。子どもが友達と体を動かして遊びを展開するなかで，それぞれの側面が相互に関連し合うことにより，発達が成し遂げられていく[12]ものである。したがって，子どもの諸能力は個別に発達していくものではないということ，そして，相互に関連し合って発達していくということを押さえておかなければならない。この特徴を踏まえ，幼稚園・保育所・認定こども園な

どでは，遊びを通して総合的な指導を行うことが求められる。

具体的に積み木での遊びを見てみよう。数人の子どもたちが積み木で家づくりをしている場面を想像してみよう。1人の子どもが「〇〇くん，そっち持って」と言って，相手もそれに応じて2人で力を合わせて積み木を運ぶ。そこには協力するという「人間関係」の経験が得られる。積み木を運びながら，危険のないように体を動かすことで，安全に対する意識と同時に，体の機能を使い，バランスを保つことも習得する。これらは「健康」の領域に通じる。友達と場を構成しながら，「ここはお風呂だよ」とか「今日は焼きそばにしよう」などと，生活体験をイメージしながら遊ぶとき，イメージしたことを言葉にすること，想像力を豊かにし，話す喜びや伝わる喜びを味わう。積み木の重さや，形を考えて構成することで，ものの特性を学ぶ。友達と遊ぶなかで，思いが違ってけんかになれば，自分と違う考えを知り，相手の立場にたって物事を考えることの必要性を学ぶ。当然，がまんすることを学び，社会性や道徳性も身につけていく。相手に伝わるようにするにはどのように話せばよいのか，子どもたちなりに考えて話す。このような言葉による表現は「言葉」の獲得や「人間関係」を円滑にするための学びにも通じる。力を合わせた結果，家ができあがれば満足感や達成感も体験する。構成した家で粘土を丸めたり，紙を切ったりして料理のまねをすれば，「表現」の楽しさを味わうだろう。このように，一つの遊びのなかでさまざまな能力が発揮されるのである。もちろん，他の活動においても同様のことがいえる。一つの活動のなかで，子どもたちはいろいろな経験をしているということである。

（2）遊びの意味

子どもはなぜ遊ぶのだろうか。その原動力になっているものは「おもしろい」という気持ちであろう。遊びに対する好奇心，探求心，友達と遊ぶ楽しさなどが子どもの遊びたい気持ちを駆り立てる。子どもは興味をもったものにかかわり，五感を使って想像力を働かせながら遊ぶ。そうして物事をとらえる目や，考える力が育まれていく。遊びは遊ぶこと自体が目的

である。そして遊びのなかには，子どもが成長・発達していく上で重要な経験内容がたくさん含まれている。子どもは，遊びの結果，さまざまな能力を身につけていく。ここに，保育における遊びが，心身の調和の取れた発達の基礎を培う重要な学習であるという意味がある。

　また，遊びの本質は，周囲の事物や他の人たちとかかわり，楽しむことにある。子どもたちは，周囲の事物，つまり魅力的な環境に出会うと進んでかかわる。そして，いろいろなことに気づき，発見していく。遊びを通して思考をめぐらし，想像力を働かせ，体を使いながら，友達と協力することを学ぶ。遊びは，子どもの好奇心や探求心をさかんにすると同時に，やり遂げる気持ちをも育むのである。しかし，子どもが遊ぶなかで味わう感情は，おもしろい，楽しい，うれしいといった感情だけではない。ときには思うようにいかないことにもぶつかり，いらだちや葛藤も経験する。仲間とけんかをすることも起こるだろう。しかし，楽しく遊ぶためにはそれらを乗り越えなければならない。自分を理解してもらうために，自己主張の仕方や，相手を意識して自己抑制することや協力することなどを知り，周囲の仲間との上手なかかわり方を学ぶのである。遊びのなかで経験する挫折感，葛藤の体験は，それを乗り越えることで精神的な成長を促す。また，達成感，充実感は，さらなる意欲をもつことにつながる。子どもたちは，遊びを通して心と身体を働かせ，調和の取れた発達を遂げていくのである。その意味で，自発的活動としての遊びは幼児期特有の学びということになる。

（3）遊びの充実

　実際の保育の場では，「遊び」のとらえ方はさまざまである。時間を区切って，知識を一方的に教えることも遊びととらえる幼稚園・保育所・認定こども園もあるようだが，本来，保育においては，遊びを通して子どもの心身の発達を促していくことが重要である。

　子どもたちの遊びが充実するためには，発達にふさわしい環境を用意することが大事になる。前述したように，「環境による教育」であることを

考えたとき，子どものまわりの環境はいろいろな意味をもっているわけであるから，それを十分理解して環境を整えなければならない。保育者は，子どもたちに対して，いろいろな人や"もの"に出会わせるきっかけをつくることが重要になる。そのためには，発達の見通しや活動の予想に基づき，それを実現するために必要な"もの"や"場"を整えるなど，環境を構成していかなければならない（詳しくは，『幼稚園教育要領解説』第1章総則第1幼稚園教育の基本を参照）。

3．具体的な子どもの遊び

　子どもの遊びは，乳児から幼児へと，心身の発達に伴って変化していく。
　赤ちゃんが，自分の手を動かしながらそれを見るのも，ガラガラやぬいぐるみを持って動かしたり，なめたりするのも遊びである。
　1歳児になると身近な人の興味ある行動をまねたり，保育者を相手に簡単な言葉を使って話したりする姿も見られるようになる。ボールや人形などの気に入ったおもちゃを持って保育者と遊んだり，保育者が近くにいれば，一人でも遊んだりすることができるようになる。2歳児では，歩行の機能も進み，走ったり跳んだり，音楽に合わせて体を動かすことを喜んだりする姿が見られるようになる。まだ十分とはいえないが，自分のしたいこと，してほしいことを言葉で表現するようにもなってくる。そして，保育者を相手に簡単なごっこ遊びを楽しむ姿も見られるようになる。自我が芽生え，自分の欲求を強く表し，そのために大人に止められることもしばしばある。保育者の仲立ちで他の子どもとの遊びを体験できるようになるが，かならずしも通じ合っていることばかりではない。
　子どもたちにとって一年の成長・発達は目覚ましいものがある。また，その子どものそれまでの経験や周囲の大人のかかわりによっては発達にも違いが生じる。年齢が低ければ低いほど，個人差も大きく，同年齢であっても，みな同じ姿を表すわけではない。
　以下，幼稚園における3〜5歳児の遊びの姿を例にあげる。

■ 3歳児の例——砂場での遊び（6月中旬）

　S児は，水をたっぷり含んだどろどろの砂をシャベルですくって，バケツに入れている。そこにT児が来て，S児と同じように砂をすくい，S児のバケツに入れ始める。どろどろの砂はバケツから流れ出ているが，2人は繰り返しつづけている。T児が「ぐるぐる混ぜまーす」と言うと，S児はにやりとする。2人は同じような調子で，バケツの中の砂をシャベルでつつく。少ししてT児がジョーロに水を汲んでくる。T児が「水，汲んできました」と言ってバケツに流し入れると，S児は「キャハハ」と声を出して笑う。T児がもう一度水を汲んできて同じようにすると，S児はまた「ワハハハ」と声を出して笑う。

　入園当初は，新たな環境に戸惑いを感じていた子どもも，保育者や他の子どもにしだいになれ，気に入ったおもちゃを持って気に入った場で遊ぶようになる。こうした砂場の遊びでは，砂に触れ，バケツやシャベルなど，自分で操作できる "もの" を使って遊ぶことで心が安定していく。

　子どもたちは，楽しいと感じると繰り返し同じことをする。友達の様子を見て楽しそうだと思えばかかわりをもとうとするし，部分的に受け入れることもできる。しかし，友達と "もの" の取り合いをしたり，気持ちが調整できなくなったりしてけんかも生じる。その際，自分の思いを言葉で十分に伝えることができないため，手や足が出ることもある。したがって，かかわり方を知らせるために保育者の介入が必要になる。

　砂場以外でも "見立て" や "つもり" の世界を楽しむ。そのものになりきれるよう，気持ちを高めるような道具や教材が必要になる。3歳児後半には語彙も増え，また体つきも安定感を感じさせるようになる。

■ 4歳児の例——おうちごっこ（11月下旬）

　「おうちごっこしよう」と，4〜5人の子どもたちが集まってくる。それぞれ，「おれ，お兄さん」「おれも，お兄さん」「お父さんはだめだよ，Bくんだから」などと話をしながら役を決めている。そして積み木やカラーボックスなどを使って家づくりを始める。家の一部ができると，さっそく，Y児・J児の

　2人は，魚を焼く網と，紙袋で作った魚，魚をつかむ道具（トング）など，一式を持って積み木の上に乗り，魚を焼くまねを始める。そして「いらっしゃい，いらっしゃい」などと言う。

　ほかの3人は，功技台を並べて階段の部分を完成させようとしている。完成すると，犬役のK児は，H児に「犬はどうやって上がるの」と聞く。H児が「こうやって上がるんだよ」と動作を伴いながら話すと，K児は，それをまねて階段を上り，積み木に乗る。

　4歳児になると，イメージを表しながら仲良しの友達と遊びを進めるようになる。実現する力も出てきて自分たちで場をつくり，思うように遊びを進めようとする。しかし，場をつくって同じ場で遊んでいても，人数や仲間関係によっては，みんなのイメージが共通にならないことがある。子どもたちは，場を共有し，共にいる楽しさや賑わいを感じて遊びを進めながら，互いの様子に関心をもったり，遊びの情報を得たりする。そして，互いに関心をもったことを自分の遊びに取り入れながら，少しずつ遊びを広げ，また仲間関係を広げていく。イメージが十分伝わらないことからトラブルも生じるが，それも重要な学びになっていく。

　イメージを表しながら遊ぶとき，素材体験が極めて必要であるから，さまざまな素材に触れる経験ができるように準備していくことが重要になる。また，遊びの主導権を握ろうとする子どもも出てくるので，一人ひとりへの援助をきめ細やかにしていかなければならない。

■ 5歳児の例——色水遊び（9月下旬）

　5〜6人の子どもたちが，ヨウシュヤマゴボウの実や葉っぱをつぶして色水をつくっている。色水遊びに使う水は，保育者がタライに用意した水で，子どもたちはそこからめいめいに水を汲んでくる。A児は水の入った容器の中にヨウシュヤマゴボウの実を入れ「これは，ヤマゴボウ」と言いながら手でつぶし，水の色が濃い紫色から段々に変化していく様子をじっと見ている。B児はヨウシュヤマゴボウの実をつぶして濃淡がなくなると「ワイン」と言い，友達の顔

を見て笑う。C児・D児は園庭に茂っていた葉を取ってきて，すり鉢の中でもんだり，すりこぎ棒を使ってつぶしたりしている。C児は緑の色が出てくると「抹茶」と言う。いっしょの場ですりこぎ棒を使って葉っぱをつぶしていたD児が，C児に「反対だよ」と言う。よく見ると，C児はすりこぎ棒を逆さに使っている。C児は「あー」と言って持ち替える。その後，それぞれの子どもは，紫と緑の色を混ぜたり，着色していない水を混ぜたりして遊びをつづけていく。

　5歳児になると，考えたり試したり，挑戦したりしようとすることが多くなる。この色水遊びにも，考えたり試したりする姿が見られる。また，色水をつくる楽しさだけでなく，素材の種類や量によって色の出方や濃さが異なることも感じて，それを試し，楽しむ。遊びのなかで道具を適切に使うことも覚えていく。

　さらに，友達同士，互いに刺激を受けながら目的をもって遊びを楽しむようになる。技能面も育ってくるので，製作活動，役割のある遊びなどでは，「より本物らしく」という気持ちが強くなり，自分の力でそれを実現しようとする。クラスの一員としての帰属意識もあり，友達と競争したり，力を合わせたりして遊ぶようになる。いろいろな遊びを通して，友達と遊びを工夫しながら，それぞれの力が十分発揮できるようにし，満足感，充実感が味わえるようにしていくことが重要になる。また，互いに認め合える関係が育つように援助していくことも大切である。

4．保育の形態

　幼稚園や保育所，認定こども園では，個々が課題をもち自分の目的に向かって取り組む活動もあれば，グループやクラスの目的に向かって友達と力を合わせて取り組む活動もある。保育の形態は，保育の方法や内容と関連している。ここでは，保育の自由度から考えてみよう。「自由保育」とか「一斉保育」といわれるものである。

（1）自由保育

　自由保育は，子どもの自発的で自由な活動を尊重した保育である。したがって，自由感があり，子どもが自分の興味・関心に基づいて主体的に活動を選び，好きな場所で，好きな遊びを心ゆくまで楽しむ保育といえる。たとえば，絵を描く，ままごと遊びをする，積み木を積んで遊ぶ，砂遊びをするなど，保育室や園庭等で，一人ひとりの欲求・要求に基づき，それぞれがしたい遊びをするのである。

　この自由な保育は，子どもがただ好き勝手に遊ぶということではなく，遊びのなかにたくさんの学びがあるものである。友達とかかわり，いっしょに遊ぶ楽しさや，ときには思うようにならない体験をすることも，人とのかかわりを学ぶうえで重要であるし，考える力や，表現力なども培われるのである。この保育の展開にあたっては，発達の理解とねらい・内容が明確でなければならない。それらがあいまいな場合には放任の保育になることもある。子どもに経験させたい内容が明確で，そのための環境の構成がしっかりと考えられていなければならない。子どもが自由に遊ぶということは，そのなかで十分に自己を発揮し，互いに育ち合うことが大切になる。保育者は，意図的・計画的な環境の構成を行い，子どもたちに考えたり，試したり，工夫したりすることや，友達と協力し，やり遂げた満足感，達成感などを味わう体験ができるようにしなければならない。

　また，どこで，誰がどのような遊びをし，どのような内容を経験しているかなどをしっかり把握しておくことが重要になる。子どもたちが，どこにいても保育者が自分を理解していてくれると思えるような心のつながりをもつこと，それが子どもの心を安定させ，遊びをより楽しいものにしていく。保育者が子どもたちの自発的な遊びについて十分な実態を把握できず，安全面だけを注意して見ているようでは，自由な保育におけるねらいは達成できない。

　実習生が自由な保育において指導案を立案するとき，なかなか書けないといった状況に陥ることがあるが，それはこのようなむずかしさがあるた

めである。この基本をしっかりと認識しておくことが大切になる。

（2）一斉保育

　一斉保育は，保育者が計画した活動をクラスの子ども全員に，同じ場所，同じ方法で行う保育である。これは，クラス単位，または学年，園全体で行う場合もある。したがって，かならずしも自発的な活動というわけにはいかない。一斉の形態での保育活動としては，みんなで歌をうたったり，絵を描いたり，ダンスやゲームをしたりするなどの活動があげられる。もちろん，園によってさまざまな特色があるため，内容は多様であり，それぞれに違いが見られる。学年や園全体で行う活動には，発表会や運動会などの行事があげられる。

　一斉保育は，クラスの子どもたちが同じ経験をするので，経験の偏りをなくす特徴がある。子どもたちは，クラスのみんなでやった経験を自由な遊びに再現させたり，新たに遊びを展開させたりする。これらの特徴をより生かすためには，子どもが意欲的に活動に取り組めるようにしなければならない。それには，活動に興味・関心がもてるような動機づけや環境の構成が重要になる。とくに，導入時には，子どもたちの興味・関心を呼び起こすような工夫が必要になる。教材の適切さ，"もの"の提示の仕方や保育者の話し方など，さまざまな工夫が求められる。展開時には，一人ひとりへの認めはもちろんのこと，個々の興味・関心や，技能面の育ちにも十分な配慮がなされなければならない。

　また，製作活動をする場合などに，みんなが同じ作品をつくらなければいけないといったことを重視すると，子どもの感性や個性を十分に伸ばすことができなくなる。一人ひとりの子どもの感性や個性を大事にしながら，子どもの意欲を尊重した保育をすることが重要である。

5．指導計画

（1）幼稚園における指導

　幼稚園教育においては，「幼稚園教育の基本に基づいて行われる援助のすべてが幼稚園における指導である」[13)] とある。また，「一人一人の幼児が教師や他の幼児との集団生活の中で，人やものなど様々な環境とかかわり，発達に必要な経験を自ら得ていけるようにする営み」[14)] でもある。指導というと，教師が一方的に知識や技能を教えるものと受け止められることがあるために，教師主導の保育と混同され，子どもの興味・関心や発想を無視した保育を生み出すこともあるようである。しかし，これは幼児期の指導にはふさわしくない。幼稚園教育指導資料には，幼稚園における指導として，次のように記述されている。① 幼稚園生活の全体を通して幼児の発達の実情を把握して一人一人の幼児の特性や発達の課題を捉え，② 幼児の行動や発見，努力，工夫，感動などを温かく受け止めて認めたり，共感したり，励ましたりして心を通わせ，③ 幼児の生活の流れや発達などに即した具体的なねらいや内容にふさわしい環境を作り出し，④ 幼児の展開する活動に対して必要な助言・指示・承認・共感・励ましなど，教師が行う援助のすべてを総称して指導とよんでいる[15)]。

（2）指導計画の考え方

　指導計画は，幼稚園においては教育課程を具体化したものであり，保育所や認定こども園においては，全体的な計画を具体化したものである。各園の教育課程・全体的な計画に沿って，具体的なねらいや内容，環境の構成，保育者の援助など，必要な内容を盛り込んだものである。指導の内容や方法が盛り込まれているので実践的な計画といえるだろう。子どもの実態が異なれば，指導のねらいや内容を変える必要があるため，実際に展開される生活に応じて常に改善されるものでもある。

　一人ひとりの子どもが，幼稚園教育・保育所保育・認定こども園の教育・保育の目標を達成していくためには，それぞれの発達の時期に必要な経験をすることが大切である。それを見通して指導の内容や方法を予想し，指導計画を立てる。

　指導計画の作成について「幼稚園教育要領」では，「幼児期にふさわしい生活が展開され，適切な指導が行われるよう，それぞれの幼稚園の教育課程に基づき，調和のとれた組織的，発展的な指導計画を作成し，幼児の活動に沿った柔軟な指導を行わなければならない」16) とあり，「保育所保育指針」には，「全体的な計画に基づき，具体的な保育が適切に展開されるよう，子どもの生活や発達を見通した長期的な指導計画と，それに関連しながら，より具体的な子どもの日々の生活に即した短期的な指導計画を作成しなければならない」17) とある。また，「幼保連携型認定こども園教育・保育要領」には，「乳幼児期にふさわしい生活が展開され，適切な指導が行われるよう，調和のとれた組織的，発展的な指導計画を作成し，園児の活動に沿った柔軟な指導を行わなければならない」18) とある。

　これらは，それぞれの指導計画の考え方であり，表現の違いは認められるものの，いずれも，「保育を実践するために具体化したもの」ということがいえる。

　実際に立案するときには，一人ひとりの行動の理解が前提となる。指導計画は，保育者のねらいに基づいて，子どもたちがどのように環境にかかわり，活動を展開していくのかの予想である。そのため，実際に保育を展開すると，保育者が予想しない子どもの行動が見られることがある。そのような場合には，子どもの状況の変化に応じて柔軟に対応していくことが重要になる。子どもたちの発想や活動の展開の仕方を大切にしながら，ねらいや内容を修正し，環境の再構成をして必要な援助をしていくのである。指導計画は，指導の方向性を明確にもつものであるが，子どもたちの生活に応じて変えていくものでもある。

（3）指導計画の種類

　指導計画には，長期の指導計画と短期の指導計画とがある。幼稚園を例に考えると，長期の指導計画は，そのもとになる各園の教育課程によって教育の道筋を見通しながら，ねらいや内容，環境の構成など，指導内容や方法を明らかにしたものである。季節など，自然環境の変化や行事なども考慮して位置づけ，生活の流れを大筋で予想する。

　長期の指導計画には，年，学期，発達の節目でとらえた期，月の計画がある。年間計画は，一年を見通し，期ごとに子どもの姿やねらい，内容，環境の構成などが記入される。作成にあたっては，子どもの主体性を保障しなければならないが，年間を見通した予測は極めてむずかしいので，大筋で保育の内容を保育者が決めるということになる。月の計画は，1か月を単位として，その月の子どもの様子を整理し，それを踏まえて，翌月に育ってほしい子どもの姿を描きながら，ねらいや内容，環境の構成などを記入する。

　短期の指導計画は，週単位，日単位のものである。いわゆる週案，日案とよばれるものである。週案は，その週の子どもの様子を整理し，翌週に育ってほしい子どもの姿を思い描きながら，ねらいや内容，環境の構成などを記入する。週単位で作成するものであるから，子どもの遊びの様子や，友達とのかかわり方，生活面の育ちなど，課題も含めてかなり具体性がある。日案は，その日の保育の様子から翌日の保育を考えるために，さらに具体的にねらいや内容，保育者の援助などを記述する。その日の保育を振り返り，保育者の指導を反省すると同時に，子どもがどのようなことを経験したかを整理することで保育の方向性や援助の仕方が見えてくる。週案や日案は，保育記録の役割も果たす。

　短期の指導計画のなかで，一般に「指導案」とよばれるものは，日案や一日のある時間帯，部分的な活動を視野に入れた保育について詳しく記述されたものである。園内外で保育者が実際の保育を公開して研究会を行うときや，実習生が指導するときに作成するのは，この指導案になる。

指導案では，保育のねらい，内容，時間の流れや指導の展開，予想される子どもの活動，環境の構成，保育者の援助などが具体的に記述される。保育者も実習生も，指導案を書くことで実際の保育の流れをイメージすることができる。保育者が構成した環境に子どもたちがどのようにかかわるのか，一人ひとりの子どもの姿を思い描きながら，さまざまな状況を考えて予測を立てるのである。そのことで，指導の方法がイメージできるようになる。

（4）指導計画作成上の留意点

指導計画を作成するにあたって，「幼稚園教育要領」では，第1章　第4の3，指導計画作成上の留意事項に，「保育所保育指針」では，第1章の3，保育の計画及び評価に，「幼保連携型認定こども園教育・保育要領」では，第1章　第2の2の（3）指導計画の作成上の留意事項に，重要事項が明記されている。指導計画の作成において重要な，発達の理解，具体的なねらいや内容の設定，環境の構成，活動の展開と保育者の援助，反省・評価と指導計画の改善について，次に列記する。

① 発達の理解

発達を理解するときの視点は，子どもの興味・関心，つまずいていること，自分の力をどのように発揮してきているか，友達との関係はどのように変化してきたかなどである。また，遊びだけでなく，生活の仕方も重要になる。このとらえがあいまいであると，適切なねらいや内容は導き出せない。

一般的な年齢ごとの平均的な発達像は，あくまでも参考ととらえる必要がある。子どもは，みんなが一様に発達するわけではないからである。一人ひとりの発達の違いを見て，その実情を理解しなければならない。

② 具体的なねらいや内容

具体的なねらいや内容を設定する際には，発達の過程を参考にし，その時期の子どもの発達する姿に見通しをもち，その前の時期のねらいや内容がどのように達成されてきたのかなどをとらえることが大切になる。

　さらに，その次の時期の幼稚園生活の流れや遊びの展開を見通すことも大切である。子どもの生活の連続性や季節の変化などを考慮して，子どもの興味や関心，発達の実情などに応じて設定する。

③ 環境の構成

　環境は具体的なねらいを達成するために適切なものとなるように構成しなければならない。その環境にかかわることで，必要な体験を得られるようにすることが大切だからである。年齢や発達に即して経験させたい内容が経験できるように，遊具や素材・教材の特性を考えて用意すること，子どもが興味・関心をもてるような配置を工夫することが大切になる。また，子どもが自分のしたいことを見つけ，試したり，確かめたりする体験や，やり遂げた喜びを味わうには，十分な時間の保障が必要である。さらに，子どもたちが充実感や満足感を味わえるようにするには，状況に応じて環境を再構成していくことも重要になる。

④ 活動の展開と保育者の援助

　子どもたちの生み出した活動はすべて充実して展開されるとは限らない。技能が伴わずに途中で挫折してしまう場合もあれば，友達といざこざを起こして中断してしまう場合もある。保育者がこれらに気づかずに放置した場合，自己実現をあきらめたり，自信を失ったりするだろう。そうならないように，その子どもが何に行きづまっているのかを理解し，その理解に基づいて必要な援助をすることが重要になる。また，子どもたちの生み出した活動は，ときには保育者の予想しない方向に展開する場合もある。その場合は，その活動のおもしろさを大事にしながら，子どもたちが経験している内容を読み取り，その内容が発達を促すことにつながっているかを把握して必要な援助を重ねることが大切になる。

⑤ 反省・評価と指導計画の改善

　保育における反省や評価は，子どもの理解と保育者の指導の改善という両面から行わなければならない。子どもを理解することに関しては，生活の実態と発達の理解に視点をあて，子どもたちがどのような内容を体験したかを考えることが重要である。ほかの子どもと比較したり，達成の度合

いで評価したりすることのないよう留意しなければならない。保育者の指導に関しては，指導計画で設定した具体的なねらいや内容が適切であったか，環境の構成が適切であったか，援助の仕方は，子どもたちの活動，ねらいや内容に沿って行われたかどうか等を省察し，改善に役立てる。

（5）指導案の作成

　指導案作成の手順は，指導計画作成の留意点で述べたことと基本的に変わりはない。実習では，自分がやってみたいこと，できそうなことを中心に活動を組み立てることが多いだろうが，本来は，保育者がやりたいことを先に考えるのではなく，子どもの育ちを考え，経験させたいことをもとに作成する。ねらい，内容を考え，実際にどのように展開するのか，時間の流れや具体的な展開方法をシミュレーションする。そのときに，予想される子どもの活動，環境の構成，保育者の援助などを関連させて考え，それを具体的に記述するのである。指導案を書くことで実際の保育の流れをイメージすることが必要であるから，できるだけ具体的にしていく。

　しかし，実習生の立場で具体的なイメージをもつことは大変なことといえる。そこで，日ごろから発達について学び，まずは一般的な年齢ごとの平均的な発達像を参考にする。そして，実際に保育の場に赴いたときに，担当するクラスの子どもたちの様子を一日も早く理解するように努め，指導案を修正していくのである。それが生きた学びである。指導案の形式は，園によってそれぞれ特徴があり，一律に定められていないので具体的な例をあげる（指導案例1，2，参照）。

6．実習の心得

（1）幼稚園実習の目的

① 子どもとの生活を通して，子どもの実態や発達の姿を理解する。

② 大学において学んだ知識や技術を現場における体験を通して理解し，

【指導案例1】　自由な遊びの指導案

　　○○幼稚園　3年保育3歳児　指導案　　平成○○年10月○○日　　指導者○○○○

● ねらい
　・いろいろな素材に触れながら遊ぶことを楽しむ。
　・自分のしたい遊びを楽しみながら，身近な友達とかかわって遊ぶ。

● 展開

時間	環境構成	予想される 子どもの活動	経験内容 （指導内容）	保育者の援助
8：50	○子どもが，したい遊びができるよう，遊びの場をつくったり空間を空けたりする。 ○遊びたいと思うような素材を用意する。（お面バンド・牛乳パック・紙テープ・ハートや丸の形に切った紙・折り紙など） ○自分で好きな曲をかけられるように，デッキやカセットテープを用意する。 ○子どもの動きに合わせて，場をつくり変えたり遊びを整理したりする。	○登園する。 ・あいさつをする。 ・所持品の始末をする。 ○好きな遊びをする。 ＜室内＞ ・製作 ・描画 ・積み木 ・ままごと遊び ・音楽をかけて踊る　　　　など ＜戸外＞ ・固定遊具で遊ぶ ・砂場で遊ぶ	○元気にあいさつをし，所持品の始末を自分でしようとする。 ○気に入った遊具で自分なりの遊びを楽しむ。 ○友達と同じ場でいっしょに動いたり，同じように見立てたりして遊ぶことを楽しむ。 ○いろいろな素材に触れ，自分の作りたいものを作ることを楽しむ。 ○作って遊ぶことや，それを身につけて遊ぶことを楽しむ。 ○自分の思いを言葉や動きで表す。また，相手に伝えようとする。 ○安全に気をつけて遊ぶ。 ○自分の思いを言葉や動きに表しながら遊ぶ。	○あいさつを交わしながら一人一人の健康状態を把握する。子どもが自分で始末する姿を見守ったり，言葉をかけたりする。 ○一人一人の動きを言葉にして認めたり思いをふくらませたりしていく。また，保育者も遊びの仲間に入り，子どもの気持ちに添いながらいっしょに遊びを楽しむ。 ○身近にある材料を利用し，工夫している姿が見られたら，認めたりほめたりし，喜びを感じられるようにする。 ○技能が未熟で思いが実現できない子どもには，思いを汲み取り，できないところを手伝うなどの援助をする。 ○思いが通らずにトラブルになったときには，お互いの気持ちを十分受け止め，かかわり方を知らせていく。
10：20	＊ここに保育環境を示した環境構成図を入れるとよい（ここでは省略）。	○片付ける。	○使ったものや遊んだ場を片付け，きれいになった気持ちよさを感じる。	○手順や片付け方を知らせ，みんなで片付けができるようにする。

【指導案例2】　クラスのみんなで行う活動の指導案

○○幼稚園　3年保育4歳児　指導案　　平成○○年10月○○日　　指導者○○○○

ねらい	○友達といっしょに遊ぶなかで，自分の思いや考えを表現する。 ○紙粘土や自然物を使い，自分のイメージしたことを表現する楽しさを味わう。	内容	○紙粘土の感触を楽しむ。 ○自然物を取り入れて水栽培のポットを作るおもしろさを味わう。 ○自分なりに工夫し，できた喜びを味わう。 ○作品を大事にしようとする。 ○準備や片付けを自分でする。

時間	予想される 子どもの活動	環境構成および保育者の援助
10：30		○紙粘土，ポットとなる牛乳パック（6cm位に切ったもの）は人数分，お手拭き，雑巾はいつでも使えるように用意しておく。机もあらかじめ出しておく。
	○集まる。 ○紙粘土を使ってポットを作る話を聞く。 ○ポットを作ることに関心をもつ。	○保育者のそばに集めて，作品の例を見せながら以前に紙粘土を使って遊んだ経験を思い起こせるようにする。 ○ポット作りに興味を抱くように，また，作品のイメージがもてるように，実際に球根を入れた状態のものを見せる。 ○遠足に行って拾ってきたドングリやほかの木の実も活用できるように，活用例を話しておく。 ○ドングリやほかの木の実は，取り出しやすいように，大きめの箱に分類して置いておく。
10：40	○紙粘土と牛乳パックを取りに行く。 ○水栽培のポットを作る。 ・作りながら，思ったこと，感じたことをつぶやく。 ・友達のを見て作る子どもや，もてあまして作れない子どもがいる。 ・自然物を取り入れる。	○混雑しないように，グループごとに取りに行くよう言葉をかける。 ○丸めたり，伸ばしたり，感触を十分楽しんで遊べるように，保育者も子どもといっしょに同じ動きをしたり，言葉を発したりして楽しい気持ちに共感していく。 ○思うように形にならない子どもには，手を貸しながら自分で作った喜びが味わえるようにしていく。 ○自然物を取り入れて楽しんで作っている姿を受け止め，おもしろさや喜びを感じられるようにする。 ○作品を置く場所を設定して，見えやすくする。 ○保育者が作品を受け取り，子どもの名前を書いた紙の上に置いて，大事に扱うところを見せる。
11：10	○できた子どもから作品を所定の位置に置く。	○子どもが互いの作品を見て話す姿を受け止め，保育者もいっしょに見ながら，それぞれのよさを認め，世界に一つの作品ができた喜びを感じられるようにする。
11：20	○片付ける。	○子どもに雑巾を渡したり，保育者が床に落ちた紙粘土を拾ったりしながら，手順や片付け方を知らせ，みんなで片付けができるようにする。 ＊ここに保育環境を示した環境構成図を入れるとよい（ここでは省略）。

　　　確かなものにする。
　③幼稚園の組織や実務などに触れて，幼稚園教育全体を理解し，幼稚
　　　園教諭としての役割および態度を自覚する[19]。

　　実習生が直接子どもに接するということは，かなりの緊張感を伴うもの
である。子どもに見つめられると，不安な気持ちを見抜かれそうな気がす
るだろう。子どもは鋭い感性の持ち主である。しかし，その子どもたちが
どのような園生活を送り，何をおもしろがって活動し，何を学んでいるの
か，その実態を把握することは保育者を志す者として極めて楽しく，また，
重要な学びとなる。園内のさまざまな人々，担任保育者やそれ以外の保育
者，子ども，それらの人々との具体的なかかわりを通して，幼稚園教育全
体をつかむことが重要である。そして，学校で学んだ保育理論や児童心理
学，その他の知識と実際を結びつけて考えていくのである。
　　また，保育技術を学び，よき保育者としての態度や役割を自覚すること
も重要である。保育者としてどのように子どもたちにかかわるのか，これ
は子どもへの理解が基本となる。そして，その子ども理解に基づいた指導
案を立案しなければならない。実習生にとっては，ねらいや内容を考える
ことは大変むずかしい。子どもの姿を予測できないことが一番の理由と思
われるが，一方で，学校で学んだ知識を試したいという目的が先行してい
る場合もあるだろう。その意欲は大事であるが，基本は子どもの実態に即
したものでなければならない。子どもの興味や関心，生活や遊びへの取り
組み方，保育者や友達との人間関係，自然や季節の変化などの情報を得て
書くことが必要になる。
　　実習では，勤務態度，子どもの理解，指導の実際，保育者としての姿勢
などが問われるので，保育者としての自覚を高めていくよう，日ごろから
自分の生活を見直すなど，意識して生活することも大切になる。

（2）基本的な心構え

①目的意識をもって

実際に子どもとかかわりながら，さまざまな事柄が学べるのが実習である。目的をもって臨むことで，学びはより確かなものになる。

② 責任をもった言動を

実習生も子どもにとっては一人の先生である。自分が言うこと，行動することについて，責任をもつことが大事である。

③ 謙虚な姿勢で

実習園のすべての先生方，職員の方から学ぶ姿勢が大切である。実習生であることを自覚し，謙虚に学ぶ姿勢をもつ。

④ 学ぶ姿勢をもちつづけて

「保育の実際」が学べるよう，意欲的・積極的に学ぶことが大事である。

⑤ 実習園の仕組みや規則を守って

幼稚園の仕組みや規則は，必要性があって取り入れられていることを理解し，守ることが大事である。また，実習先で知り得た情報は決して外に漏らしてはいけない。

⑥ 自分自身の身だしなみや基本的な生活習慣に気を配って

身だしなみ，行動，すべてが子どもに影響を与える。子どもの模範になる。

⑦ 安全管理には細心の注意を

子どもの命を預かっていることの責任をもってかかわることが重要である。

⑧ 健康管理をきちんと

健康的な表情・行動力が，実習の土台である。自分の健康管理をきちんとし，明るく元気に実習を進められるようにする。

【引用文献】

1）保育士養成講座編纂委員会編　『教育原理』全国社会福祉協議会，2006，p.215

2）文部科学省「幼稚園教育要領」2008

3）小川純正『ホイジンガの遊び概念と消費者行動』東洋大学経営研究所論集32号，2000

4）ロジェ・カイヨワ／多田道太郎・塚崎幹夫訳『遊びと人間』講談社学術文庫，1990

5）山田敏『遊びによる保育』明治図書，1992

6）谷田貝公昭『保育用語辞典』一藝社，2006，p.7

7）小田豊・神長美津子・森眞理『保育原理』光生館，2003

8）幼稚園教育指導資料第1集『指導計画の作成と保育の展開』文部科学省，2013，p.4

9）文部科学省「幼稚園教育要領」2017

10）厚生労働省「保育所保育指針」2017

11）内閣府・文部科学省・厚生労働省「幼保連携型認定こども園教育・保育要領」2017

12）文部科学省「幼稚園教育要領」2017

13）文部科学省『幼稚園教育要領解説』フレーベル館，2018

14）幼稚園教育指導資料第1集『指導計画の作成と保育の展開』文部科学省，2013，p.4

15）幼稚園教育指導資料第1集『指導計画の作成と保育の展開』文部科学省，2013，p.4

16）文部科学省「幼稚園教育要領」2017

17）厚生労働省「保育所保育指針」2017

18）内閣府・文部科学省・厚生労働省「幼保連携型認定こども園教育・保育要領」2017

19）『保育科実習の手引き』聖徳大学短期大学部

【参考文献】
1）保育士養成講座編纂委員会編『教育原理』全国社会福祉協議会，2006

2）今井和子『保育に生かす記録の書き方』ひとなる書房，1994

3）岸井勇雄・無藤隆・柴崎正行　監修『保育者論』同文書院，2004

4）待井和江・福岡貞子編『乳児保育』ミネルヴァ書房，2005

5）森上史朗・大豆生田啓友・渡辺英則編『保育内容総論』ミネルヴァ書房，2005

6）森上史朗・柏女霊峰編『保育用語辞典』ミネルヴァ書房，2002

7）文部省『指導計画の作成と保育の展開』フレーベル館，2003

8）大沼良子・榎沢良彦著『子どもの教育と保育の原理』建帛社，2005

9）谷田貝公昭・中野由美子編著『保育学概論』一藝社，2001

10）幼児保育研究会代表・森上史郎編『最新保育資料集』ミネルヴァ書房，2006

第6章 小学校での学習と専科教員

§1　小学校での「学び」
──授業の見方・とらえ方

1．小学校の役割

　日本の学校教育において，小学校教育は非常に重要な役割を担っている。もし小学校教育が十分に機能しなければ，近い将来の日本社会全体が衰退してしまうといっても過言ではない。

　小学校は，国が定める9年間の義務教育段階のうち6年間の教育を引き受けている。子どもたちの年齢層も，6歳から12歳と非常に幅広い。子どもたちは小学校生活を通して，その後の社会生活で必要となる基礎・基本の力，すなわち基礎的な社会性や学力を身につけていく。小学校教育がうまく機能しなければ，その後の教育機関における子どもたちの成長にとって大きな妨げを生じることになる。小学校は，日本の社会全体の基底を支える教育機関として，非常に重要な役割を担っているのである。

　現在の日本の小学校教育には，大きく分けて以下の2つの役割があると考えることができる。1つ目は，子どもたちに対して社会生活で必要となる基礎的な社会性を身につけさせることである。2つ目は，子ども

たちに社会生活で必要となる基礎的な学力を身につけさせることである。

　このことは，学校教育法第21・29・30・31条で規定されている小学校教育（普通教育）の目標からも読み取れる。ここには10の教育目標が掲げられている。その1〜3番目にあげられている目標は，子どもに基礎的な社会性や道徳性を身につけさせることであり，その重要性がうかがえる。そして，4番目から7番目にあげられている目標は，子どもの日常生活に必要となる基礎的な学力を身につけさせることに言及しているものと考えることができる。

【学校教育法　第2章　義務教育　第21条】

　　義務教育として行われる普通教育は，教育基本法（平成18年法律第120号）第5条第2項に規定する目的を実現するため，次に掲げる目標を達成するよう行われるものとする。

一　学校内外における社会的活動を促進し，自主，自律及び協同の精神，規範意識，公正な判断力並びに公共の精神に基づき主体的に社会の形成に参画し，その発展に寄与する態度を養うこと。

二　学校内外における自然体験活動を促進し，生命及び自然を尊重する精神並びに環境の保全に寄与する態度を養うこと。

三　我が国と郷土の現状と歴史について，正しい理解に導き，伝統と文化を尊重し，それらをはぐくんできた我が国と郷土を愛する態度を養うとともに，進んで外国の文化の理解を通じて，他国を尊重し，国際社会の平和と発展に寄与する態度を養うこと。

四　家族と家庭の役割，生活に必要な衣，食，住，情報，産業その他の事項について基礎的な理解と技能を養うこと。

五　読書に親しませ，生活に必要な国語を正しく理解し，使用する基礎的な能力を養うこと。

六　生活に必要な数量的な関係を正しく理解し，処理する基礎的な能力を養うこと。

七　生活にかかわる自然現象について，観察及び実験を通じて，科

学的に理解し，処理する基礎的な能力を養うこと。

八　健康，安全で幸福な生活のために必要な習慣を養うとともに，
　　運動を通じて体力を養い，心身の調和的発達を図ること。

九　生活を明るく豊かにする音楽，美術，文芸その他の芸術につい
　　て基礎的な理解と技能を養うこと。

十　職業についての基礎的な知識と技能，勤労を重んずる態度及び
　　個性に応じて将来の進路を選択する能力を養うこと。

【学校教育法　第 4 章　小学校　第29条・第30条・第31条】

第29条　小学校は，心身の発達に応じて，義務教育として行われる
　　普通教育のうち基礎的なものを施すことを目的とする。

第30条　小学校における教育は，前条に規定する目的を実現するた
　　めに必要な程度において第21条各号に掲げる目標を達成するよう
　　行われるものとする。

②　前項の場合においては，生涯にわたり学習する基盤が培われる
　　よう，基礎的な知識及び技能を習得させるとともに，これらを活
　　用して課題を解決するために必要な思考力，判断力，表現力その
　　他の能力をはぐくみ，主体的に学習に取り組む態度を養うことに，
　　特に意を用いなければならない。

第31条　小学校においては，前条第 1 項の規定による目標の達成に
　　資するよう，教育指導を行うに当たり，児童の体験的な学習活動，
　　特にボランティア活動など社会奉仕体験活動，自然体験活動その
　　他の体験活動の充実に努めるものとする。この場合において，社
　　会教育関係団体その他の関係団体及び関係機関との連携に十分配
　　慮しなければならない。

　子どもの基礎的な社会性を育成するうえで，とくに注意を払わねばなら
ない点は以下の 2 点である。1 点目は，小学校では子どもの年齢に大き
な幅があるということである。当然ながら，小学校 1 年生と 6 年生との

間には大きな発達の違いがある。子どもたちは，さまざまな他者との人間関係を通して基礎的な社会性を身につけていく。このためには，子どもたちに対して，同年齢の仲間との交流と同様に，異年齢間の仲間との交流を十分に経験する機会を保障することが重要になる。近年では，ほとんどの小学校で「たてわり班」などと称される学年をまたいだ異年齢間交流の機会が積極的に設けられている。小学校では，6年間という大きな年齢の幅を子どもの社会性の発達のために有効利用していく工夫が求められている。

　2点目に，家庭や地域社会との連携を十分にとる必要性があげられる。子どもの社会性の育成は，小学校のみで担うことはできない。現在，多くの不登校の子どもが問題となっている。文部科学省の2022（令和4）年度「児童生徒の問題行動・不登校等生徒指導上の諸問題に関する調査」によれば，不登校の子どもの数は小学生105,112人（1.70％），中学生193,936人（5.98％）である。小学生はおよそ59人に1人，中学生はおよそ17人に1人の割合で不登校ということになる。不登校の児童生徒数は，2013（平成25）年以降10年連続で増加している。とくに2022年度の小・中学校におけるその数は299,048人（前年度244,940人）であり，前年度から54,108人（22.1％）増加し，過去最多となった。小・中学校の不登校児童生徒のうち約4割が学校内外での指導や相談を受けておらず，そのうちの約2割が90日以上の長期欠席である。

　こうした生徒指導上の喫緊の課題を受けて，文部科学省は2023（令和5）年3月に「誰一人取り残されない学びの保障に向けた不登校対策」（COCOLOプラン）を取りまとめた。COCOLOプランは，①学びの多様化学校（不登校特例校）の設置促進，②校内教育支援センター（スペシャルサポートルーム等）の設置促進，③教育支援センターの機能強化（NPOやフリースクール等との連携強化，オンラインやメタバースの活用など），④高等学校等における柔軟で質の高い学びの保障，⑤多様な学びの場，居場所の確保（こども家庭庁との連携，夜間中学，公民館・図書館等の活用など）を5つの柱として，不登校の児童生徒すべての学びの場を確保し，学びたいと思ったときに学べる環境を整えようとしている。2023年度における全国の「学びの多様化

学校」の設置状況は，公立学校14校，私立学校10校の合計24校である。

　これまで，学校が家庭や地域社会とかかわる機会はおもに行事参加や PTA活動などに限られていた。ところが，この形態は学校に関心のある一部の保護者や地域住民とのつながりは活性化できるものの，そうでない人々，とりわけ問題を抱える人々の関与を引き出すことはむずかしい側面がある。各学校はさまざまな工夫をして，保護者や地域住民を巻き込んだ子育て支援のネットワークづくりを進めていく責任を果たす必要がある。「社会に開かれた教育課程」の実現が目指されている今，学校は柔軟に地域社会と連携し，社会全体で子どもたちを育てるという視点をもたねばならない。

　まだ試行段階だが，公立の学校で保護者などとの校外学習をするために平日に休みが取れる「ラーケーション」を実験的に導入する自治体がある。また，こども家庭庁と文部科学省において「放課後児童対策パッケージ」がまとめられ，実施されようとしている。放課後に学校の施設を利用して行われる放課後子供教室や，土曜日などを利用した学校公開日といった具体的取組は文部科学省のホームページに詳しい（http://manabi-mirai.mext.go.jp「放課後子供教室」）

　2つ目の柱である基礎的な学力を子どもたちに身につけさせるために，われわれが注意しなければならない点がある。それは，あらゆる学習を行うためには，その前提として子どもたちが十分な言語能力を備えていることが不可欠だという点である。子どもたちに十分な言語能力，すなわち国語の能力が備わっていない場合，学習を成り立たせることすら困難になってしまう。一般的に基礎学力は 3 R's（reading, writing, arithmetic）といわれている。このなかでもとくに重要な要素として，読み（reading）・書き（writing）である言語力は子どもの学習の基礎をなすものとして欠かせない。したがって，小学校の教育課程のなかでもっとも多くの時間が割かれているのは国語の時間である。小学校教育の段階で国語（母国語）教育をもっとも重視することは，世界的に見ても共通する傾向である[*1]。

＊1　国立教育政策研究所『諸外国における教育課程の基準』2013（平成25）年 3 月

　これまでの日本の学校教育は，他の国々と比べて非常に高い識字率を達成し，その成果が高く評価されてきた。当然ながら，国語教育の土台を担うのは小学校である。小学校教育において外国語活動が行われている今，われわれはあらゆる学習の基礎となる国語教育の役割を再認識し，子どもたちに豊かな言語能力を身につけさせる努力を重ねる必要がある。

2.　教員の資質

　2023年度に採用された公立学校教員の採用倍率は3.4倍と，過去最低となったことが文部科学省の調査によって明らかになった。とくに小学校のそれは2.3倍とほかの校種に比べて低く，前年度の2.5倍から減少し，5年連続で過去最低値となっている[2]。この背景には，子どもの数が多かった時期に採用された教員が一斉に定年退職の時期を迎えて採用者が増加する一方で，既卒の受験者数が減少していることがある。文部科学省は，採用倍率の低下は教員の質に関わる問題であると捉え，教員採用試験の早期・複線化（複数回化）などの実施方法の改善や，教員の働き方改革の加速や処遇改善など，教員志望者の増加に向けて取り組んでいる。またこの一方で，ホームページに「教育人材総合支援ポータル」コーナーを設け，各教育委員会の採用情報や，教員の仕事の価値・やりがいを積極的に発信している[3]。採用倍率の低下には多様な要因が複雑に関わっているので，それをそのまま「教員の不人気」と短絡的に結びつけることは避けるべきである。しかし，これを契機に教員の働き方改革が進み，我々が教職の魅力や教員に求められる資質について深く考察して意見を交わす機会が増えることは，社会全体の学校教育への関心が高まることにつながるために望

＊2　文部科学省「令和5年度（令和4年度実施）公立学校教員採用選考試験の実施状況について」（https://www.mext.go.jp/a_menu/shotou/senkou/1416039_00009.html　2024年1月5日取得）

＊3　文部科学省（https://www.mext.go.jp/a_menu/shotou/sougoushien/index.htm　2024年1月5日取得）

ましい。

　それでは，教員に求められる資質にはどのようなものがあるのだろうか。
文部科学大臣の諮問に応じて日本の教育に関する重要事項を審議する機関
である中央教育審議会が出した『「令和の日本型学校教育」を担う教師の
養成・採用・研修等の在り方について〜「新たな教師の学びの姿」の実現
と，多様な専門性を有する質の高い教職員集団の形成〜（答申）』のなか
では，教員に求める資質能力を以下の5項目に整理している。括弧内には，
それぞれの項目に関して求められている具体例をあげる。

①教職に必要な素養（例：豊かな人間性，使命感，責任感，教育的愛情，
　人権意識，倫理観，社会性）

②学習指導（例：子供の心身の発達や学習過程に関する理解，「主体的・
　対話的で深い学び」の実現に向けた授業改善，学習者中心の授業を創造，
　カリキュラム・マネジメントの意義を理解，子供の興味・関心を引き出
　す教材研究，他の教師と協働した授業研究，授業設計・実践・評価・改
　善等を行う，各教科等の専門的知識）

③生徒指導（例：子供の良さや可能性を伸ばす姿勢，他の教職員や関係機
　関等と連携しつつ個に応じた指導や集団指導を実践，個々の悩みや思い
　を共感的に受け止め学校生活への適応や人格の成長への援助，地域・社
　会や産業界と連携，学校の教育活動全体を通じて子供が自分らしい生き
　方を実現するための力を育成する，子供の心身の発達の過程や特徴を理
　解，子供達との信頼関係を構築，それぞれの可能性や活躍の場を引き出
　す集団作り（学級運営）を行う）

④特別な配慮や支援を必要とする子供への対応（例：特別な配慮や支
　援を必要とする子供の特性等を理解，組織的に対応，学習上・生活上の
　支援の工夫）

⑤ICTや情報・教育データの利活用（例：授業や校務等にICTを効果的
　に活用，児童生徒等の情報活用能力（情報モラルを含む。）を育成するた
　めの授業実践等を行う，児童生徒等の学習の改善を図るため教育データ

を適切に活用する）

　教員採用を実際に行っている各自治体レベルでも，教員に求める資質についてそれぞれ示している場合が多い。例えば東京都教育委員会は以下の4つを「東京都の教育に求められる教師像」として示している。
・教育に対する熱意と使命感を持つ教師
・豊かな人間性と思いやりのある教師
・子どもの良さや可能性を引き出し伸ばすことができる教師
・組織人として組織的に協働し互いに高め合う教師

　その上で「教員が身に付けるべき力」として，「学習指導力」「生活指導力・進路指導力」「外部との連携・折衝力」「学校運営力・組織貢献力」の4つをあげている。また，千葉県教育委員会ホームページでは教員を目指す大学生・高校生に対するメッセージのなかで，「千葉県が求める教員像」として「人間性豊かで，教育愛と使命感に満ちた教員」「高い倫理観をもち，心身ともに健康で，明朗，快活な教員」「幅広い教養と学習指導の専門性を身に付けた教員」「幼児児童生徒の成長と発達を理解し，悩みや思いを受け止め，支援できる教員」「組織の一員としての責任感と協調性をもち，互いに高め合う教員」の5つをあげている。ここではすべての自治体について紹介することはできないが，多くのケースを眺めていくと，求められる教員の資質にはある程度の共通項があることに気づくだろう。一方で，それぞれの自治体が独自に求めている項目もある。我々が教員としての資質を高めるためには，自治体によらず共通に必要な基礎的な資質に加え，自分が働く自治体に特有の資質について理解するとよい。
　さらに視野を広げて海外の事例を眺めてみると，教員に求められている資質には共通する部分がある一方で，それぞれの国や文化に特徴的なものもあり興味深い。例えば，英国教育省（U.K. Department for Education）[4]は，

＊4　英国教育省（https://www.gov.uk/government/organisations/department-for-education
　　2024年1月5日取得）

教師に求めるスタンダードとして「生徒を鼓舞し，やる気を引き出し，挑戦を促すような高い期待と目標を設定する」ことを第一にあげている。このように，日本と海外における教員の役割の共通点や相違点を知ることから学び，自分達が目指す教員像をさらに納得のいく明確なものに深めていくこともできる。

　教員の資質を育成するためには，まず大学での教員養成が行われ，各自治体に採用されたのちに，教育現場での研修を受けるという流れが一般的であった。しかし近年では，在学中の大学生を対象とした各教育委員会による教員養成・採用の動きが進んでいる*5。また，教職大学院と各自治体との養成・採用面での連携も進められている。教員の養成，採用，研修のパターンは，自治体ごとに多様になってきている。教員志望者には，幅広く情報を集めて，自分のキャリア設計に最適な道で教員を目指してほしい。

3．授業の見方・とらえ方

（1）小学校における授業

　子どもたちが小学校で過ごす時間のほとんどは授業時間である。小学校の6年間で子どもが授業で過ごす時間は，標準総授業時数で実に5,645時間におよぶ。小学校での子どもの生活は，授業の予定が記されている「時間割」を中心として組織される。各学期の始めに発表されるこの「時間割」しだいで，その学期の子どもの生活パターンがおおむね決まっていくといっても過言ではない。それではこの「時間割」はどのようにして編成されるのか。

　小学校で教えるべき授業内容は，国が定める「学習指導要領」によって

---

*5　例えば，東京都教師養成塾，よこはま教師塾「アイ・カレッジ」，彩の国かがやき教師塾（埼玉県），滋賀の教師塾，京都府「教師力養成講座」などがある。また，2023年度から，いくつかの自治体で大学3年生を対象とした教員採用試験も実施されるようになっている。

規定される。これが「時間割」のもとになる。国が教育内容の基準を設定し，教育の遂行に対して一定の責任をもつ日本では，学校が教える内容について国がガイドラインを定めている。これが「学習指導要領」である。「学習指導要領」は一般に，学校が教育課程を編成する際の国家的基準であり，各教育段階での教科ごとの指導計画の指針を示したものである。「学習指導要領」は学校種別ごとに出されている。それらは，小学校学習指導要領，中学校学習指導要領，高等学校学習指導要領，特別支援学校の教育要領（幼稚部）と学習指導要領（小学部・中学部及び高等部），そして幼稚園教育要領である。中等教育学校または義務教育学校に関しては，前期課程は中学校または小学校の基準を，後期課程は高等学校または中学校のそれを準用することになっている。

　小学校における教育課程は，国語，社会，算数，理科，生活，音楽，図画工作，家庭，体育，外国語の「各教科」，「特別の教科道徳」，「外国語活動」，「総合的な学習の時間」および「特別活動」によって編成されると規定されている。ただし，第1学年と第2学年では「社会科」と「理科」は実施されず，その代わりに「生活科」が実施される。また，「家庭科」は第5学年から実施される。1998（平成10）年に改訂された「学習指導要領」によって，これまで「各教科」，「道徳」，および「特別活動」の3領域で構成されていた教育課程に，「総合的な学習の時間」が新しく加わった。1998（平成10）年版の学習指導要領は，1977（昭和52）年版から30年近く続いてきた「ゆとり教育」の集大成として位置づけられた。しかし，学習内容の削減によって子どもの「学力低下」が深刻化するなどの問題点も指摘されてきた。これを受けて，2008（平成20）年版の学習指導要領では，子どもの基礎学力の向上がおもなねらいの一つとなっている。2008年の改訂では，①言語活動，②理数教育，③伝統や文化に関する教育，④道徳教育，⑤体験活動，そして⑥外国語教育を充実させることが目指されている。具体的な変化としては，授業時数が増加したこと（国語科，社会科，算数科，理科，そして保健体育科）。また，高学年（5，6年）に「外国語活動」を新設したことがあげられる。この「外国語活動」においては英

語を取り扱うことが原則とされている。小学校での英語教育は，1）英語の指導経験のある教員が不足している，2）小学生を対象とした共通カリキュラムが未整備である，3）外国人の外国語指導助手（ALT）が不足している，などの課題がなお残されている。2020年度から，小学校3・4年生で「外国語活動」（週1コマ程度）を，5・6年生では教科としての「外国語」（週2コマ程度）が実施されるようになった。

　「学習指導要領」で示された内容を教えるために必要な各教科の年間授業時数も，学年ごとに定められている（学校教育法施行規則第51条）。

　現行の小学校の教育課程は，表6－1のようになっている。

＜表6－1＞　現行の学習指導要領（2017（平成29）年改訂版）における小学校の各教科等の年間授業時数

| 区分 | 各教科の授業時間 | | | | | | | | | | 特別の教科である道徳 | 外国語活動 | 総合的な学習の時間 | 特別活動 | 総授業時間 |
	国語	社会	算数	理科	生活	音楽	図画工作	家庭	体育	外国語					
第1学年	306	—	136	—	102	68	68	—	102	—	34	—	—	34	850
第2学年	315	—	175	—	105	70	70	—	105	—	35	—	—	35	910
第3学年	245	70	175	90	—	60	60	—	105	—	35	35	70	35	980
第4学年	245	90	175	105	—	60	60	—	105	—	35	35	70	35	1015
第5学年	175	100	175	105	—	50	50	60	90	70	35	—	70	35	1015
第6学年	175	105	175	105	—	50	50	55	90	70	35	—	70	35	1015

備考
　1．この表の授業時数の1単位時間は，45分とする。
　2．特別活動の授業時数は，小学校学習指導要領で定める学級活動（学校給食に係るものを除く）に充てるものとする。
　3．学校教育法施行規則　第50条第2項の場合において，道徳のほかに宗教を加えるときは，宗教の授業時数をもってこの表の道徳の授業時数の一部に代えることができる。

（2）教育計画の意義

　子どもたちによりよく学んでもらいたいと願うことは，すべての教師の共通の願いである。よりよい学びを実現させるためには，教師の日々の実践の多くを占める授業を改善することが最大の手立てである。

　一般的に，教育実践を改善する基本的な構造としてP-D-C-Aサイクルがあるといわれている。第一の段階は「計画（plan）」，第二段階は「実施もしくは実践（do）」，第三段階は「評価（check）」，そして第四段階では，それまでの段階をふまえ，「実践の改善（action）」が行われる。これら4つの段階は，ひととおり終えれば，それで終わりということではない。P-D-C-Aサイクルは，よりよい教育実践を実現させるために，何度も繰り返されていく必要がある。

　授業を計画（plan）し，実施（do）する。その結果を評価（check）して，授業の改善（action）の要点を明らかにする。こうして改善された授業計画をもとにさらなる実践を行い，その結果を評価して改善点を明らかにし，また計画に改善を加えていく。授業実践の改善プロセスは，このようにして「教育実践のよりよい計画」づくりを軸にして進められていく。過去の事例になるが，小学校にはじめて外国語活動が導入された際の東京都の品川区教育委員会の外国語活動の事例は，この点を鮮明にしてくれる。

　2008（平成20）年版の学習指導要領から，小学校高学年における「外国語活動」が必修科された（平成23年度より全国実施）。これに先がけて，品川区では2006（平成18）年度から区内の全小学校において英語教育をスタートさせた。この先行的な実践を行ううえで品川区が力を注いだ点は，区全体で利用できる英語教育マニュアルの作成である。この共通のマニュアルを作成することによって，①教育内容の水準を一定レベルに設定でき，②英語を教えた経験がない教師に対しても，授業における教師の役割を明確に示すことができる。そして何よりも，③今後の実践の改善に結びつけることができるようになっている[6]。

　これまでは，小学校の教育課程には外国語（英語）は含まれていなかった。このため，共通のマニュアルなしで小学校英語を行った場合には，各教師の英語に関する知識や能力の差により，それぞれの授業内容に大きなバラつきが生じる恐れがある。共通のマニュアルは，このバラつきを最小限度

＊6　品川区教育委員会他編集『小中一貫教育　小学校英語Let's Enjoy English Comunication 1・2・3』小学館プロダクション，2006

に抑えて，区内のすべての子どもたちに対して一定水準の教育内容を提供することに役立っている。また，小学校英語の授業では，外国人である外国語指導助手（ALT）と協力して行う場面が多く生じる。一般的に，小学校教師は英語を専門とせず，英語教育の経験に乏しいことが多い。日ごろの英語使用経験もさまざまである。マニュアルは，外国語指導助手との打ち合わせや授業内容の編成，そして授業場面での留意点などを教師に明示している。このマニュアルは，英語教育経験のない教師に対しても，教師が授業準備や授業実践のなかで果たすべき役割を明確に示している。

　マニュアルがあることで，「実践の結果を評価→改善点の明確化→マニュアルの改善」という「具体的な形」で次回の実践につなげていくことができる。このように，教育計画の一形態である共通のマニュアルをすべての教師がもつことによって，さまざまに異なる人々がかかわる授業実践の流れのなかに授業改善の軸を明確に位置づけることができている。

（3）授業形態の工夫

① ベーシックな授業形態（一斉授業）

　小学校の授業風景というと，多くの人が一斉授業の場面を思い浮かべるだろう。これまでに放送された多くのテレビドラマでも，教室の場面の授業シーンの多くは一斉授業で行われている。われわれにとって典型的な小学校の授業といえば，前方に黒板があり，その前で一人の教師が多くの子どもの前に立って話をする一斉授業形態なのである。

　われわれの記憶に強烈に残っている一斉授業も，実はその歴史はそれほど長いものではない。日本に一斉授業が普及するようになったのは明治期である。日本に一斉授業を伝えたのは，明治5（1872）年，東京につくられた師範学校の教師として招かれたアメリカ人小学校教師，M.スコットである。一斉授業の手法はこれからしだいに日本全国に普及していく。そして，この手法は明治20年代以降，東京大学に招聘されたドイツ人のハウスクネヒトが伝えたヘルバルト主義の教授法が広がるとともに普及していった。このようにして普及してきた一斉授業の形態は，現在の日本の学

校教育においていわば定番といえるような授業形態として定着してきた。

　一斉授業では，一人の教師が多くの相手に対して一斉に物事を伝達することで，少ない時間と手間でなるべく多くの相手に情報を伝えることができる。このように，一斉授業の利点は，その高い効率性と経済性にあるといえる。一方で，この形態の授業は，教師中心の知識詰め込み主義にならざるを得ないという側面がある。また，学習者が主体的なアクションを起こす機会が少ないという点で，受動的な授業形態だと考えられている。

　現在，ICTを活用した「個別最適な学び」と「協働的な学び」の一体的な充実が目指されている。学習における子どもの主体性が重視されるなかで，一斉授業に対しては近年厳しい目が向けられている。もしかすると，一斉授業を学校から一掃しようとする動きが生まれるかもしれない。しかしながら，ここで立ち止まって考えてもらいたい点がある。それは，一斉授業のメリットを再確認して，そのなかで残すべき部分はこれからの教育のなかにも残していくということである。一斉授業には一定の歴史があり，近代学校教育では長らく一斉授業がベーシックな授業形態であった。学校の外に目を向けても，講演，スピーチ，コンサートやライブ，映画や演劇，プレゼンテーション，オンライン会議や動画など，我々が何かを感じたり学んだりするベーシックな形態は一斉授業に似た形であることが多い。そして多くの場合，参加者はこれらの活動に主体的に関わり，多くのことを感じ，学んでいる。このように考えると，子どもの主体的な学習を実現するための有効な方策は，一斉授業を改めればよいというような表面的，短絡的なものでは決してないはずである。我々が向き合わなければならないのは，授業改善を軸にしたカリキュラム全体の改善であり，この構造をP－D－C－Aサイクルとして捉えることである。すなわち，子どもにどのような力を身につけさせるか，それをどのような内容と方法で，教師がどのように関わり，成果をどう確認し，その成果をカリキュラム全体の改善にどうつなげるか，という問い一つひとつにていねいに答えていくことである。そうすれば，一斉授業形態のよさを生かした主体的な学習をデザインすることもできるのではないか。

② 子どもの理解度に応じた指導法（習熟度別学習）

　現在は，子どもの主体的な学びが重視されている。これに伴い，教育現場では従来の全体に対する一斉指導から脱して，子ども個々のニーズに対応することが強く求められている。小学校での授業形態にもさまざまな工夫がなされてきた。

　習熟度別学習は，その一つの学習形態である。文部科学省が2013（平成25）年度に実施した調査結果によれば，いずれかの教科で「理解や習熟の程度に応じた指導」を計画した学校は，公立小学校で82.9％，公立中学校で78.9％に上っていた。また，東京都の調査になるが，2023年度に算数で習熟度別指導を行っている小学校は全体の97.3％に上る。公立中学校の数学では全体の88.3％で習熟度別指導が行われていることに比べても，小学校でのその重要性がわかる（東京都，令和5年度「児童・生徒の学力向上を図るための調査」）。この形態は，従来の一斉授業では汲み上げることがむずかしい個々の子どもの学習理解の度合いに応じて授業を進める方法である。子どもの学力低下が問題とされているなかで，習熟度別学習は，少人数グループできめ細かな指導を行うことによって，とくに勉強が苦手な子どもたちの学力を向上させる利点があると考えられて期待されている。

　多くの場合，これは複数の教師，または補助教員（ティーチングアシスタント，T. A.）を活用した少人数指導の形式で行われる。子どもの学習進度に応じて，1〜2つのクラスを3つ程度の小グループに分ける。そして，それぞれのグループで教師が少人数の子どもたちに対してきめ細かい指導を行う。この方法は，小学校の算数や中学校の数学や英語など，子ども間の学習進度に開きが生じやすい教科の学習に用いられる場合が多い。学習進度が遅い子どもにはよりていねいに，逆に進度が速い子どもに対してはより発展的な学習内容を提供することができる。学習進度の遅い子どもに対して少人数グループでのきめ細かい指導が可能になることから，習熟度別学習は子どもの学力向上に有効であると期待されている。しかし期待と同様に，考慮しなければならない課題も残されている。

　習熟度別学習の課題としては，おもに2点があげられる。1つ目は，

習熟度別学習によって，子ども間の学力格差はむしろ拡大するのではないかという疑問である。たとえば，算数が苦手な子どもが進度の遅いクラスに所属することで，自分は算数が苦手だという意識を自ら形成，強化してしまう場合が考えられる。そしてその苦手意識が，それ以降の彼（彼女）の学習に対してマイナスの影響を与えてしまう可能性がある。これとは逆のことが進度の速いクラスの子どもたちにもあてはまり，結果的には学力格差は拡大してしまう場合も大いに考えられる（一種のピグマリオン効果）。

　2つ目は，従来のクラス集団を，学習の進度によってグループに分けることに対する批判である。学習進度が速い子どもと遅い子どもとが，いっしょに同じ空間で学習をすることによって得るものは決して少なくない。わかる者がわからない者に対して教えるという行為から，子どもたちは多くを学び合うだろう。教師による指導の工夫次第では，そこにはさまざまなコミュニケーションが生じ，助け合いや学び合いの姿勢を身につけるよい機会になるかもしれない。これからの学校では，ICTの活用による「個別最適な学び」が推進されていく。すなわち，個々人が習熟度別学習を進めていく基盤が整えられていくことになる。このような状況に直面しているからこそ，果たして習熟度別学習は，これらのメリットを上回る効果をもたらす方法なのかどうか，慎重に検討されなければならない。

③「主体的・対話的で深い学び」の実現

　子どもたちが「どのように学ぶか」という点に注目して授業改善を行う必要性が，2017（平成29）年に改訂された学習指導要領のなかで明確に示された。教員は「主体的・対話的で深い学び」を授業のなかで実現する工夫をしなければならない。すでに教員向けのガイドブックや手引書などを作成し，ホームページ上などに公表している国の研究機関や自治体の教育委員会も多いので，参考としてもらいたい[*7]。

　授業改善に取り組む際には，ペア学習，ディベートやグループ討議などの対話的な方法を授業で用いれば，それでよしというわけでは決してない。

＊7　独立行政法人教職員支援機構（http://www.nits.go.jp/），横浜市教育委員会編『授業改善ガイド　単元づくり編』ぎょうせい，2012など。

対話的な学びを実現する方法の工夫はもちろん重要である。しかし教員は，授業のなかで「子どもたちに学ぶことの興味や関心を高め，自己の学習を振り返って次の学習につなげられているか（主体的な学び）」と，「課題解決や自己の考えを形成したり，新たな意味や価値を構想，創造する（深い学び）ことにつなげられているか」という点に留意しなければならない。

④ カリキュラム・マネジメント（CM）の確立

　教育活動の質を向上させて学習効果の最大化を図ることを目的とするCMは，校長のリーダーシップのもと，学校全体で実施される。各教員が担う主な役割は，授業などの実際的な教育活動についてその実施状況と成果を把握し，具体的な改善策を実行することである。CMの要点は，以下の3点である。

ⓐ**学校全体でP−D−C−Aサイクルを回し教育課程を改善する体制を整える**：授業などの教育実践を構成するうえで，育成する資質・能力を明確に設定し，その達成に最適な方法を選択する（「何ができるようになるか」，「何を学ぶか」，「どのように学ぶか」の明確化）。

　　さらに，実践の結果，子どもたちに「何が身に付いたか」を目的と照らし合わせて把握することが重要である。この作業を通して，「子供一人ひとりの発達をどのように支援するか」や，目的をよりよく達成する実践を「実施するために何が必要か」が明らかになる。各教員がこの流れに精通することが，学校全体のP−D−C−Aサイクルを回す鍵である。

ⓑ**教育内容を教科等横断的な視点で組み立てる**：子どもたちの学びを各教科のなかで完結させるのではなく，それぞれの教科で学ぶ内容を相互に関連づけ，学校の教育課程全体を通して目的とする資質・能力を身につけさせる発想が必要となる。たとえば，言語活動や問題解決的学習を充実させるという視点を通して，各教科などの内容を横断的に見ることなどがあげられる。総合的な学習の時間をよりいっそう活用していくことが重要となる。

ⓒ**地域社会などの外部との連携による人的・物的体制を確保する**：「社会に開かれた教育課程」の実現のためにはもちろん，特別な配慮を必要と

する児童生徒への支援や，持続可能な部活動の運営を実現するためにも，学校外と連携して人材や資源を活用することが必須である。学校と外部の連携を結ぶ際の最終的責任は校長にある。しかし，子どもたちの学習機会を保障し学習効果を最大化する責任は各教員にある。このために，各教員には，地域社会の人材や教育資源に目を向け，学校外のヒトやモノと積極的にかかわりをもってほしい。

（4）教育評価

① 評価観の転換

多くの人々が，教育における「評価」と聞けば，学力テストを思い起こすだろう。しかし，これは一定の時点における子どもたちの学習内容の理解度を測定するもので，教育評価の一部分に過ぎない。教育における評価は，その目的や対象に応じてさまざまなタイプに分かれている。

教師が子どもを評価する視点は，近年大きく変化している。1989（平成元）年度版の「学習指導要領」において「新しい学力観」が強調されたことは，教師の評価観に大きな影響を与えた。そこでは，従来の「知識・理解」から，子どもの「関心・意欲・態度」を評価の観点の中心に据える評価観の転換が図られた。この傾向は，現在の学校教育における子どもたちに対する評価においても引き継がれている。この立場では，戦後新教育から日本の学校教育において行われてきた「相対評価」に代えて，個々の子どもがどのような学習状況にあるのか，その実態を明らかにしようとする評価観が注目されている。

ここではまず「相対評価」について説明する。「相対評価」は正規分布（平均群を中心に，左右対称の山型の分布）を規準として，ある集団内における子どもたちの位置や序列を示すものである。われわれになじみが深い5段階評価はこの典型例である。正規分布を規準としているため，5段階評価では上位7％の子どもが5，次の24％が4，次の38％が3，次の24％が2，そして最後の7％が1と決められている。この評価は，客観性と信頼性を保つ科学的な評価方法として戦後の教育現場に採用されてきた。

　ところが，この「相対評価」には一定の批判がなされている。その中心的な論点はおもに次の3つである。第1に「相対評価」は，"その集団のなかにはかならずできない子どもがいる"ということを前提とする点である。5段階評価でいえば，クラスの全員がすばらしい努力をしても，つねに下位7％の子どもの評価は1になる。すべての子どもに対して豊かな学習の機会を提供すべきだとする日本の学校教育の立場からは，「相対評価」のこの前提は非教育的なものだと批判されてきた。

　第2に，「相対評価」の構造のなかでは，誰かを抜かさなければ自分の成績が上がらない。このことが子どもたちの間に排他的な競争意識を根づかせている，という点がある。

　第3に，「相対評価」が示すものは一定集団内での相対的な位置であり，これは子どもの学力の実態を明らかにすることはできないという指摘がある。「評価」を「教育活動を改善していくために必要な情報収集の一つの手続き」ととらえた場合，「相対評価」がもたらす情報は非常に限定的である。

　「相対評価」がもつ問題点の反省に立ち，子どもの学習実態をとらえ，その結果を教育活動の改善に活かすための評価方法が工夫されている。現在の学校現場では，「学習指導要領」に示す各教科の目標に照らして子どもの学習の実現状況を観点ごとに評価するようになっている。これは，「目標に準拠した評価」とよばれる。

　この立場は，すべての子どもが共通に到達すべき目標（「学習指導要領」）を設定し，その目標に照らし合わせて子どもの学習状況を具体的に把握する。そしてその結果を学習指導に活かしていこうとするものである。教師は，「関心・意欲・態度」，「思考・判断」，「技能・表現」や「知識・理解」などの観点別に設定された目標に照らし合わせて，子どもがどの程度到達できているかについて評価を行うことになっている。さらに，2017（平成29）年に改訂された学習指導要領においては，これらの観点が再整理されて，①知識及び技能（何を理解しているか，何ができるか），②思考力，判断力，表現力等（理解していること，できることをどう使うか），③学びに向かう力，人間性等（どのように社会・世界と関わり，よりよい人生を送るか）の

3つの観点が示されている。これらをふまえて，観点別学習状況の評価の観点として，①知識・技能，②思考・判断・表現，③主体的に学習に取り組む態度の3つが示された。③については，「知識及び技能を獲得したり，思考力，判断力，表現力等を身に付けたりすることに向けた粘り強い取組の中で」「自らの学習を調整しようとしているかどうか」を含めて評価する。

　現在，子どもたちの学習成果を評価するために多様な評価方法が工夫されている。ペーパーテストのみならず，作文，発表，話し合い，作品制作や表現などの活動や，それらを集めたポートフォリオ，子どもたちによる自己評価や相互評価などまで，評価の材料は多岐にわたる。生きる力や課題解決力の育成を目指しているこれからの学校教育では，多様な評価方法を効果的に組み合わせて多面的に子どもの学習状況を把握し，その結果をよりよい学びに還元していくことが期待されている。

② 開かれた学校を目指すための学校評価

　教師が子どもに対して行う評価のみではなく，学校や教員に対する評価の必要性も強調されてきている。学校評価は，それぞれの学校の経営責任を明確にし，各学校の教育目標を効果的に達成することを目的としている。各学校は，設定した教育目標がどの程度達成されているかを地域住民・保護者に対して説明する責任（説明責任）を果たさなければならない。このことを実現するための仕組みとして，2000（平成12）年度より学校評議員制度が発足した。学校評議員に意見を聴取するための会合は，ほとんどの学校で年間1〜3回程度実施されている。

【学校教育法施行規則】　（この条文は，小学校以外の学校にも準用される）
　第49条　小学校には，設置者の定めるところにより，学校評議員を
　　　置くことができる。
　②学校評議員は，校長の求めに応じ，学校運営に関し意見を述べるこ
　　　とができる。
　③学校評議員は，当該小学校の職員以外の者で教育に関する理解及
　　　び識見を有するもののうちから，校長の推薦により，当該小学校の

設置者が委嘱する。

【地域教育行政の組織及び運営に関する法律】

第47条の5より抜粋

　　教育委員会は（中略）当該学校の運営及び当該運営への必要な支援に関して協議する機関として，学校運営協議会を置くように努めなければならない。（後略）

　　4　対象学校の校長は，当該対象学校の運営に関して，教育課程の編成その他教育委員会規則で定める事項について基本的な方針を作成し，当該対象学校の学校運営協議会の承認を得なければならない。

　　5　学校運営協議会は，前項に規定する基本的な方針に基づく対象学校の運営及び当該運営への必要な支援に関し，対象学校の所在する地域の住民，対象学校に在籍する生徒，児童又は幼児の保護者その他の関係者の理解を深めるとともに，対象学校とこれらの者との連携及び協力の推進に資するため，対象学校の運営及び当該運営への必要な支援に関する協議の結果に関する情報を積極的に提供するよう努めるものとする。

　　6　学校運営協議会は，対象学校の運営に関する事項（次項に規定する事項を除く。）について，教育委員会又は校長に対して，意見を述べることができる。

　　7　学校運営協議会は，対象学校の職員の採用その他の任用に関して教育委員会規則で定める事項について，当該職員の任命権者に対して意見を述べることができる。この場合において，当該職員が県費負担教職員（第55条第1項又は第61条第1項の規定により市町村委員会がその任用に関する事務を行う職員を除く。）であるときは，市町村委員会を経由するものとする。（後略）

　学校評議員は，校長に対する助言者であり，校長の推薦をもとに教育委員会によって委嘱される。学校運営協議会は，学校運営の基本方針を承認し，学校運営に関して意見を述べることができる。さらに教職員の任用に関しても意見を述べることができる。委員は，保護者や地域住民から教育委員会が任命する。この制度を利用したコミュニティ・スクールでは，地域と一体となって教育をつくりあげていくことが目指されている。コミュニティ・スクールとは，保護者や地域住民などが一定の権限と責任をもって学校運営に参画する「学校運営協議会」を置く学校である。2005（平成17）年度に17校で導入されてから，2023年度には全国の公立学校18,135校（全体の52.3％）に導入されるようになった。これらの制度を活用することによって，各学校は校長のリーダーシップのもとで，地域住民の意見を積極的に取り入れながら学校教育内容について地域社会に対する説明責任を果たしていくことが期待されている。

　大阪府では1999（平成11）年度より，府内（大阪市を除く）の公立小・中・高・特別支援学校全校で「学校教育自己診断」とよぶ学校評価を行っている。ほとんどの学校が学校便り，学校協議会，ホームページ，または説明会などを通した何らかの形でこの結果を公表している。地方自治体単位で大規模な学校評価を実施し，それが継続している点で，これは全国的にも注目すべき事例である。この事例の特徴は，子ども，保護者，校長，そして教職員それぞれを対象として「学校教育診断票」とよぶ調査票を作成している点である。それぞれの調査票の質問内容は異なり，それぞれ4者の視点から多角的に学校を評価しようと試みている。「学校教育診断票」は，毎年の調査結果を踏まえて定期的に改善される。この結果は保護者や地域住民に知らされ，学校運営協議会等の場での検討をふまえて学校運営の改善につなげられる。

③ 子どもたちの学力

　日本の子どもたちの学力について中心的に参照されているのがOECD（Organization for Economic Cooperation and Development）による「生徒の学習到達度調査PISA（Programme for International Student Assessment）」の結果であ

る。この国際調査は2000（平成12）年から始まり，以降3年ごとに実施されている。2022（令和4）年には81か国・地域から約69万人の15歳の生徒が参加している。2022年の結果におけるOECD加盟国中の日本の順位は，読解力2位，数学的リテラシー1位，そして科学的リテラシー1位で，3分野すべてにおいて世界トップレベルであった。

　また，日本はIEA（国際教育到達度評価学会）による数学・理科教育動向調査TIMSS（Trends in International Mathematics and Science Study）にも参加している。TIMSSは，子どもたちの算数・数学，理科の到達度を測定するもので，2019（平成31）年の調査には，58か国・地域から小学生（4年生）が，39か国・地域から中学生（2年生）が参加した。この結果からは，日本の子どもたちが小・中ともに算数・数学，理科すべての教科で継続的に高い水準を維持していることが見てとれる。

　一方で国内の子どもたちの学力を把握するためには，2007（平成19）年から全国学力・学習状況調査が実施されている。この調査では，全国の小学校6年生と中学校3年生を対象に「国語」と「算数・数学」（平成24年からは理科，平成31/令和元年から英語が追加され，それぞれ3年に一度程度実施されている）の問題が出題されている。この他に，生活習慣や学校環境に関する質問紙調査も行われている。

　われわれがまずなすべきことは，①子どもたちの学力の実態を把握し，身につけさせたい学力像を具体的に示すこと。次に，②ねらいとする学力を子どもたちに身につけさせるために有効な学習方法を具体化し，その方法に基づいた学習を実施した結果を見極めること。さらに，③得られた情報をもとに，全体的な学力向上戦略を継続的に改善していくことである。

　以上の3つのプロセスは，学力を育てるカリキュラムを開発するための段階的なステップとなっている。このなかで，とくにわれわれに求められていることは，学力評価を通して幅広い視点から子どもの学力の実態をとらえ直すことである。そして，子どもたちの日々の学びをより豊かにするための方策を立案し，その成果を検証し続けることである。

§2 専科教員の子どもとのかかわり
——家庭科を通して

1. 専科教員とは

（1）家庭科を誰に習ったか

　小学生のとき，家庭科の授業を担当していたのは誰だったか思い出してみよう。担任の先生だった，と答える人が多いはずだ。

　しかし，専科の先生というよび名を覚えているだろうか。専科の先生に習ったことのある人も，話には聞いているが会ったことはないという人もいるだろう。あるいは図工や音楽の先生を思い出す人もいるだろう。理科の専科の先生もいたかもしれない。ところが，その理科の先生は学級数が減少したときにいなくなってしまったとか，昨年度まで4年生を担任していた先生が4月から家庭科の専科になっていたとか，不思議な印象をもった人はいないだろうか。ここでは全国でもあまり数の多くない，小学校家庭科の専科教員について取りあげてみたい。

（2）専科教員と担任との違い

① 専科教員の役割

　専科教員は担任をもたない。人手不足の折，空き時間にはT.T（ティーム・ティーチング）に2人目の教員として入るようなケースも考えられるが，ここでいっている専科は，家庭科の専門教育を受けていたり，とくに家庭科に関心をもっていて専科になっていたりする教員のことである。

　家庭科は，児童一人一人の生活環境や個性をよく把握している担任が指導するほうがよいという説もあるが，一方，専科教員の必要性も従来からいわれている。実験や実習を伴う教科であり，専科教員がいるほうが十分

な指導ができることはいうまでもない。刃物や熱源，ミシンなどの適切な使い方を指導するには専門性が必要であり，管理する備品や教材・標本も多く，それらが安全とかかわってくるからである。担任のほうが家庭科の学習内容を，授業以外の場面で総合的に結びつけて指導することが可能だといわれるが，実際は家庭科の授業準備が不十分なケースが多い。家庭科の教材研究に専念できる専科教員のほうが，多岐にわたる内容を結びつけて学習指導を行っているといわれる[1]。

　家庭科は家庭生活を送っている人ならば誰でも担当できる教科というわけではなく，家庭生活にかかわる事柄を多方面から総合的に判断し取り扱う能力を必要とする教科である。深い洞察力と十分な教材研究があってはじめてできるものである。単に生活に役立つ知識・技術を教え込む教科ではない。

② 担任との違い

　専科では授業準備をしたら担当の学級数だけ繰り返しが可能となる。担任は同じ授業を2回以上行うことはない。専科であればそれだけ教材研究に時間をかけられることになる。つまり，教科に対する専門性があるのは当然とみなされるわけである。苦手だという人では対応できないだろう。

　また，専科教員がいる学校のほうが時間割を守って授業時数を確保している。行事や祝祭日で他教科の授業時数が少なくなってしまった場合，担任は家庭科の授業を削減する傾向が見られるのである。

2．あなたが家庭科の教師になったら

（1）家庭科の教師の仕事

　家庭科教師の調理実習のある一日を見てみよう。次にあげる例（表6-3）は，第5学年の2学級の授業があり，実習以外は，特別な準備などのない日をモデルにしている。調理実習は，準備のための時間を確保したり，材料を仕入れたりすることを考えると，1・2校時や休日明けは避ける

<表6-3>　家庭科教師の一日

時間	仕事の内容
朝礼前	材料が届いているか冷蔵庫などを確認
1・2校時	調理用具の消毒，各班のテーブルに出しておくものを揃える 板書カードなどをセットし，黒板に記入 示範用の材料をセット
3・4校時	調理実習（5年2組） 担任の先生のところへ試食をお願いしに持って行かせる
昼休み	片付けのできていない班は残す 午後の実習の準備 給食（どこかの学級に加わる）
5・6校時	調理実習（5年3組）
放課後	翌日の実習準備 包丁を数えて戸棚に鍵をかける 布巾の洗濯 排水系統の点検 ガスの元栓を確認する 掃除当番がくるので布巾干しをさせる ゴミ出し クラブ活動の顧問 集めたワークシートの点検，教材研究など

> 事前に板書しておくのはなぜだろう。

> 包丁の戸棚に鍵をかけておくのは，なぜだろうか。

> 家庭科担当者が任されそうなクラブを考えてみよう。

ことが望ましい。

　家庭科教師はそれほど忙しくないように見えるかもしれない。しかし，施設・備品の管理があり，安全上の責任が大きい。また，実習材料の調達や地域住民との交流会などの外部との連携の必要な授業では，学校外の関係者との調整や話し合いも頻繁に生じてくる。用務や給食の職員に協力してもらうことも多いので，連絡を密にとることは重要である。表6-3のほかに，職員会議や行事の準備，校務分掌などは担任のある教員と同様に行う。

（2）家庭科室は広い！

　何でもできそうなこの特別教室でどのような授業をしてみようか。

　小学校の家庭科室は，調理・被服製作・洗濯などの実習のほか，グループワークや通常の一斉授業にも使用されるため，多様な目的に合わせて設計されている。戸棚や準備室もあり，管理する面積や備品も多い。専科教員がいない学校では，安全面や衛生面で管理担当教員の負担が大きくなっているのが現状である。

教室の後方から見た家庭科室　　　　　　教壇から見た家庭科室

<図6-1>　聖徳大学附属小学校の家庭科室の様子

（3）家庭科の教師から見えるもの

　家庭科は第5，6学年に配当されるので，複雑かつ高度な内容に踏み込むこともある。もともと総合的な学習内容の教科であり，社会科でもなく理科でもなく家庭科として学習することが大切な事項が多くある。生活と密接につながった教科であり，児童の生活の実態が反映されるため，宿題を出すときに配慮が必要なことも多い。

　家庭科の時間にしか見られない児童の姿もある。ほかの授業では控えめな児童が調理実習では積極的に行動したり，普段は悪ふざけばかりしている児童がグループワークでリーダーシップを発揮したり，と違った一面を見ることもある。放課後にミシンの指導などをしていると，人数が少ないので児童の思いがけないおしゃべりを聞いてしまうこともある。そのような時間に手作業をしながら指導をすると，普段よりも打ち解けやすくなる様子の児童もいる。

　専科教員がいるということは，担任以外にも複数の目で児童を見ることになるので，担任だけで問題を抱え込まずにすむことにつながる可能性もある。児童には逃げ場があるともいえる。もっとも，児童にとって大抵は担任の先生が一番！　なので，専科教員はちょっとさみしい思いをすることもある。

（4）専科なのに……

　同じ教科でチームをつくれる国語や社会と異なり，家庭科は中学校・高等学校でも各校に専任は一人しかいないのが通常で，協力体制を組めないし，先輩教員からアドバイスを受けることもできない。小学校では地域にいくつかある学校のうち，専科は自分一人という状況もあり得る。

　大学を卒業したばかりで，広大な教室を管理し，週に一度しか会わない児童とうまくやっていくのはなかなか大変なときもある。専科であるにもかかわらず授業中に教師が間違えたりすると，児童は手厳しい。とくに，家庭科の中学校（家庭）・高等学校（家庭）免許を取得しておらず，家庭科が得意教科というわけではない場合に専科になると，指導に不安がつきまとう。実際には家庭科に意欲のない専科教員が誕生しており，そのために専科であっても授業に活気があるとはいえない状況も生じている[2]。しかし，たとえ家庭科が苦手であっても，教師自身が興味をもって研究すれば，充実した授業が生まれるものである。

3．専科教員になるには

（1）専科教員の定義

　一般に，担任する学級がなく，その教科を専門に指導する教師を専科教員とよぶならわしがある。教員の総数から管理職と担任などを引いた数を専科教員ということが多いようだ。つまり，管理職と担任以外は，すべて専科とよばれるのだ。

　学級担任をもたず，管理職（校長，教頭・副校長など）でもなく，養護教諭，司書教諭でもない先生のことを専科教員とよんでいる。また，ひとつの教科のみを担当している教員のなかには，正規雇用の教員の人も，臨時採用の人も，非常勤講師の人もいるが，非常勤講師の場合は，専科教員とはよばないのが通常である。現在は，すべての教科に専科を置くことができるが，専科教員は法律で定められた制度ではなく，都道府県の判断で配置しているため，自治体によって基準がまちまちである。

　専科と似たようなシステムに，教科担任制がある。中学校・高等学校での教科の指導は学級担任ではなく，教科ごとの担任が授業を受けもつことが一般的である。小学校でこの教科担任制をとる場合には，学年ごと，あるいは2学年にまたがった担任団で担当教科を決めることが多いようだ。ここでは4学級ある第5学年を例として考えてみる。1組の担任が社会・体育，2組の担任は国語・道徳，3組の担任は理科，4組の担任が算数・家庭科を担当し，図工と音楽は専科がおり，総合的な学習と学級活動は担任が指導する。このような教科担任制では教師が得意教科に力を入れて準備することが可能となる。一方，担任と児童が接する時間が短くなることが懸念されるため，教員間の打ち合わせや連絡は頻繁に行われる。

（2）専科制度の課題

　音楽，図工，理科に専科教員がいるのはよく知られている。家庭科の専科を置いている学校は少ないのが現状である。第5，6学年にしか配当されない教科なので変則的で扱いにくく，また，軽視されがちである。家庭科担当者は非常勤で置いたり，担任が兼任したりするケースも多い。小学校で全科を教えている場合には苦手な教科がある教師もいるが，専科のよいところはそれを避けられるところである。ところが，実際は産休をとった教師や年配の女性の教師への退職勧告として家庭科に配置替えするケースもあるようだ。指導者が意欲をもって積極的に取り組まなければ，どのような教科であれ学習する子どもたちに伝わるものは少ないだろう。

　家庭科の専科は女性が多い。「家庭科は女性が教える教科」である，と

教える側も学習者も思い込まされてしまう。このような，カリキュラムには載っていないが，知らず知らずのうちに身にしみ込んでいくようなことをヒドゥン・カリキュラム（隠れたカリキュラム）という。家庭科という教科にはそのような事柄がたくさん含まれており，教師自身が性別役割分業意識を示してしまいがちな面もある。ただし，一般に家庭科専科は女性が多いが，男性教員もいるので調べてみよう。

　また，非常勤講師は1年契約なので，学校の施設・設備の整備に責任をもって取り組みにくいという問題がある。これは専科を置かずに，学級担任のなかでもちまわりにして，家庭科の担当者や家庭科室の管理者を決めている学校でも同じように問題である。

　東京都を例に見てみると，小規模の学校でも音楽と図工には専科教員をかならず配置している。そのほか，理科と家庭科に専科教員を置くことがあるが，これは学級数と教員数の都合で，担任をもたないフリーの教員が発生した場合に理科に専科を置くことが多いようである。小学校教師の60％以上が「理科が苦手」と答えている調査結果[3]もあり理科に配置していく学校が多いが，そのためにかえって教師の理科離れを助長しているという声もある。国立の小学校では理科に助手を置き，音楽，図工，家庭科に専科を置いている学校もある。東京都は全国でも専科教員が多いほうであるが，家庭科の専科は減少している。

（3）専科教員の養成・採用は

　家庭科教育学や生活科学などを中心に学ぶ学科を卒業しても，全科の小学校免許を取得していれば，多くは担任をもつことになるだろう。しかし，場合によっては音楽の専科になる可能性もある。大学で専門に学んだ教科だからといって専科になれるとは限らない。

　また地域差があり，専科をほとんど配置していない地域もある。家庭科に限らず，専科教員であっても，その教科の中学校・高等学校の免許をもっていないというケースも十分考えられる。専科の教員免許というものがあるわけではなく，かならずしも専門教科の専科担当になっているとは

いえないのが現状である。その教科だけを教えられる「特殊免許」というものが存在しているがきわめて例が少ない。

　専科教員のなかには小学校教諭普通免許状（全科）をもっている人のほかに，該当教科の中学校・高等学校の免許のみをもっている人でも，専科ならば小学校の授業を担当できることになっている。その場合の採用試験は全科とは別に，専科教員としてのみの試験が行われる。

【引用文献】

1）鎌田浩子「小学校家庭科教育の担当者の家庭科観と指導の実際」『日本家庭科教育学会誌』第42巻，第1号，pp.1‐8，1999

2）柳昌子「小学校家庭科専科教師の現状」『福岡教育大学紀要』第44号，第5分冊，pp.115‐126，1995

3）科学技術振興機構「理数大好きモデル地域事業事前アンケート調査」文部科学省，2005

【参考文献】

1）金子郁容編『学校評価―情報共有のデザインとツール』筑摩書房，2005

2）国立教育政策研究所 監訳『PISA2006年調査 評価の枠組み』ぎょうせい，2007

3）文部科学省『小学校学習指導要領』2004

4）文部科学省『小学校学習指導要領』2017

5）永井聖二「完全学校週5日制と高まる地域への期待」葉養正明編『学校と地域の新しい関係づくり』教育開発研究所，2004

6）『教職研修』4月号増刊　第6巻　教育開発研究所，2004

7）佐藤学『教育の方法』放送大学教育振興会，2000

8）佐藤学『習熟度別指導の何が問題か』岩波書店，2004

9）志水宏吉『学力を育てる』岩波書店，2006

10）志水宏吉『公立学校の底力』筑摩書房，2008

11）田中耕治編『よくわかる教育評価』ミネルヴァ書房，2005

第3部

学校を支える人々と その仕事

　「学校にかかわりをもつ人々」を読む視点は、「構造，関係，機能」というものの見方・考え方である。

　ものの構造（形態）と関係・機能の間には不可分なつながりがある。自動車の構造と機能のことを考えればわかりやすいかもしれない。学校にも構造・関係・機能がある。また，運動会や発表会という学校行事にも，そして授業のなかにもこれらを見ることができる。

　そして，学校教育が教師だけでなく多くの人々に支えられていること，さまざまな関係をもっていることを理解してほしい。これらを学びながら構造・関係・機能という認識の方法も身につけよう。

第7章 学校にかかわりをもつ人々
——チームとしての学校

本章では，2015（平成27）年12月の中央教育審議会答申「チームとしての学校の在り方と今後の改善方策について」（以下「チーム学校」答申）によりながら，学校内外で学校にかかわりをもつ人々について取りあげる。

§1 「チームとしての学校」とは

「チームとしての学校」とは，教職員と専門スタッフ・地域人材などの多様な専門性をもつ人材との連携・協働による新たな学校の体制整備をめざすものである。多様な専門人材が責任を伴って学校組織に参画して校務を運営する点が，これまでの学校像との大きな違いである。

1.「チームとしての学校」の必要性

以下のような状況に対応していくために，学校のマネジメントを強化し，組織として教育活動に取り組む体制を創りあげるとともに，必要な指導体制を整備すること，すなわち「チームとしての学校」が必要とされている。

① 2017（平成29）年学習指導要領改訂

2015（平成27）年8月に中央教育審議会教育課程企画特別部会が取りまとめた「教育課程企画特別部会　論点整理」は，これからの教育課程には「社会に開かれた教育課程」の役割が期待されているとし，その実現のために，各学校において「アクティブ・ラーニング」の視点を踏まえた指導方法の授業改善と「カリキュラム・マネジメント」を通した組織運営の改善に一体的に取り組むことが重要であるとしている。

② 複雑化・多様化した課題の解決

学校が抱える課題は，生徒指導上の課題や特別支援教育の充実のほか，保護者や地域住民の期待に応えるための各種の取り組みや対策，帰国・外国人児童生徒などへの支援など複雑化・多様化している。これらの課題には，心理や福祉など教育以外の高い専門性が求められるものもあり，教員だけで対応することが，質的な面でも量的な面でも難しくなってきている。

③ 子どもと向き合う時間の確保

国際的に見て，わが国の教員は，授業以外にもさまざまな業務を行っており勤務時間も長い。他方，教員以外のスタッフの配置が少ないため，教員が子どもと向き合う時間を十分に確保できにくい状況にある。

2.「チームとしての学校」の在り方

（1）「チームとしての学校」実現の3つの視点

「チーム学校」答申では，「チームとしての学校」を実現するために，次の3つの視点に沿って施策を講じていくことが重要だとされている。

① 専門性に基づくチーム体制の構築

まず教員が，教育に関する専門性を共通の基盤としつつ各自の得意分野を生かし，学校のなかでさまざまな教育活動を「チームとして」担う指導体制を充実し，加えて，心理や福祉などの専門スタッフを学校の職員として教育活動のなかに位置づけ，教員との連携・分担の在り方を整備するな

ど，専門スタッフが専門性や経験を発揮できる環境を充実していくことが必要である。

「チームとしての学校」の範囲は，校長の指揮監督のもと，責任をもって教育活動にかかわる者とし，その上で，地域コーディネーター，地域住民などの参画により，学校と地域がパートナーとして相互に連携・協働して社会総がかりでの教育を実現していくことが必要である。

② 学校のマネジメント機能の強化

「チームとしての学校」が機能するためには校長のリーダーシップが重要であり，学校のマネジメント機能を今まで以上に強化していくことが求められる。とくにミドルマネジメントの充実の観点から，主幹教諭の配置の促進や，主任などを担う中堅教員の育成の機会の充実が重要である。

また，事務職員の職務の在り方などを見直し，管理職を総務・財務面で補佐するため学校の事務機能を強化することが必要である。

③ 教職員一人ひとりが力を発揮できる環境の整備

人材育成の充実や業務改善の取り組みを進め，「チームとしての学校」が効果的に機能し，教職員がそれぞれの力を発揮し，伸ばしていくことができるようにすることが重要である。加えて，教職員が安心して教育活動に取り組むことができるよう，法令に基づく専門的な対応が必要な事項や子どもの安全管理など，専門知識に基づく対応が必要な事項に関し，教育委員会において学校や教職員を支援する体制の整備が重要である。

（2）「チームとしての学校」と家庭・地域・関係機関

複雑化・困難化する課題の解決のためには，学校がより一層地域に開かれ，地域住民や保護者などが学校運営に対する理解を深め，積極的に参画することで，子どもの教育に対する責任を学校，家庭，地域と分担していくことが重要である。

また，学校と家庭・地域との連携・協働によって，ともに子どもの成長を支えていく体制をつくっていくことにより，学校や教員が学校教育を通じて子どもと向き合い，教育活動に重点を置いて取り組むことができるよ

うにすることが重要である。

　関係諸機関などとの関係について，生徒指導や子どもたちの健康や安全，青少年の健全育成などの観点から，学校がこれまで以上に警察，消防，保健所，児童相談所などの関係機関との連携・協働を緊密化・強化し，組織的な取り組みを進めていくことが必要である。

§2　「チームとしての学校」の教職員

　ここでは，学校組織全体を効果的に運営するためのマネジメントを行う管理職や，教育指導や生徒指導に中心的にかかわる教員，管理職を学校経営面から補佐する事務職員について確認していこう。

1．管理職

（1）校長（園長）

　校長（園長）は，学校を代表する最高責任者である。校長（園長）の職務は，校務（園務）をつかさどり，所属職員を監督することである（学校教育法第37条④，第27条④など）。「チームとしての学校」における校長には，多様な専門性をもった職員を，有機的に結びつけ，共通の目標に向かって動かす能力や，学校内に協働の文化をつくり出すことができる能力などの資質が求められている。

　また，学校の教育活動の質を高めるためには，校長（園長）の教育的リーダーシップが重要であり，教育指導などの点で教職員の力を伸ばしていくことができるような資質も求められている。

（2）教頭（副校長・副園長）

　教頭は，校長（園長）を除くすべての教職員の職務上の上司として位置づけられる。教頭の職務は，校長（園長）（および設置されている場合は副校長〈副園長〉）を助け，校務（園務）を整理し，必要に応じて児童・生徒の教育（幼児の保育）をつかさどることである（同法第37条⑦，第27条⑥など）。また，校長に事故があるときはその職務を代理し，校長が欠けたときはその職務を行う（同法第37条⑧など）。

　2007（平成19）年の学校教育法改正により，校長（園長）と教頭の間に位置する新しい職位「副校長（副園長）」を設置できるようになった（同法第37条②，第27条②など）。副校長（副園長）の職務は，校長（園長）を助け，命を受けて校務（園務）をつかさどることである（同法第37条⑤，第27条⑤など）。副校長（副園長）は，教頭と同様，校長を補佐する職であるが，校務の一部を自らの責任で処理することが想定されている職であることが教頭とは異なっている。

　「チームとしての学校」における副校長および教頭には，教職員と専門スタッフの調整や人材育成などの業務に当たることが期待されている。

2．教職員

（1）主幹教諭・指導教諭

　2007（平成19）年の学校教育法改正により，2008（平成20）年度から「主幹教諭」「指導教諭」を設置できるようになった（同法第37条②，第27条②など）。主幹教諭の職務は，校長（園長）（および設置されている場合は副校長〈副園長〉）および教頭を助け，命を受けて校務の一部を整理し，ならびに児童・生徒の教育（幼児の保育）をつかさどることである（同法第37条⑨，第27条⑦など）。

　教務主任や学年主任に代えて，教務主任や学年主任の担当する校務を整

理する主幹教諭を置くことができる（学校教育法施行規則第44条②など）。また，必要と認められる場合には，児童・生徒・幼児の養護または栄養の指導および管理をつかさどる主幹教諭を置くことができる（学校教育法第37条⑲，第27条⑪など）。

　指導教諭の職務は，児童・生徒の教育（幼児の保育）をつかさどり，ならびに教諭その他の職員に対して，教育指導の改善および充実のために必要な指導および助言を行うことである（同法第37条⑩，第27条⑧など）。

　「チームとしての学校」において，主幹教諭には，全体をマネジメントする管理職，教職員や専門スタッフとの間に立つミドルリーダーとしての役割が期待されている。また，指導教諭には，「アクティブ・ラーニング」の視点を踏まえた不断の授業方法の見直しによる授業改善を進める上で大きな役割を果たすことが期待される。

（2）教諭

　教諭は「教師」や「先生」の代表的な存在である。学校組織を構成する中心的なメンバーでもあり，教務主任や学年主任その他の主任は，教諭をもってあてられる（学校教育法施行規則第44条③など）。教諭の職務は，児童・生徒の教育（幼児の保育）をつかさどることである（学校教育法第37条⑪，第27条⑨など）。

（3）養護教諭

　養護教諭の職務は，児童・生徒・幼児の養護をつかさどることである（同法37条⑫など）。1998（平成10）年の教育職員免許法一部改正では，養護教諭が保健の授業を担当する教諭または講師となることができるようになった。養護教諭は，学校保健活動の中心となる保健室を運営し，心身の健康に問題をもつ児童生徒等に対して指導を行うなど健康面だけでなく生徒指導面でも大きな役割を，また，専門家や専門機関との連携のコーディネーター的な役割を担ってきた。さらに，食に関する指導にかかるものについても，栄養教諭や学校給食栄養管理者と連携をとって，解決に取り組

んできた。

「チームとしての学校」における養護教諭には，スクールカウンセラー（SC）やスクールソーシャルワーカー（SSW）など，専門スタッフとの協働もふくめた連携推進の一翼を担うことが期待されている。

（4）栄養教諭，学校給食栄養管理者

栄養教諭の職務は，児童・生徒・幼児の栄養の指導および管理をつかさどることである（同法第37条⑬など）。食に関する指導の推進の中核的な役割を担う「栄養教諭」制度が新たに創設され，2005（平成17）年度から施行された。これに伴い「学校栄養職員」は，「学校給食栄養管理者」に名称が変更された。

学校給食栄養管理者は，義務教育諸学校または共同調理場において学校給食の栄養に関する専門的事項をつかさどる職員（学校給食法第7条）で，栄養教諭以外の学校給食栄養管理者は，栄養教諭に準じて，学校給食を活用した食に関する指導を行うよう努めるものとされている（同法第10条③）。

「チームとしての学校」における栄養教諭には，食に関する指導について，全体計画の作成などで中心的な役割を果たすとともに，学校内における教職員間の連携・調整や，家庭や地域との連携・調整で要としての役割を果たすことが求められている。

（5）事務職員

事務職員は，学校運営事務に関する専門性を有しているほぼ唯一の職員である。「チームとしての学校」において，事務職員には，副校長・教頭とともに校長を学校経営面から補佐する学校運営チームの一員として役割を果たすことが期待されている。また，学校の事務が複雑化・多様化していることに伴い，事務職員がより権限と責任をもって学校の事務を処理することが期待されている。

なお，2017（平成29）年4月に学校教育法が改正され，義務教育諸学校などの事務職員の職務が，事務に「従事すること」から事務を「つかさど

る」に変更されている（同法第37条⑭など）。さらに，学校におけるカリキュラム・マネジメントを進めていくうえで，学校の予算や施設管理などに精通した事務職員が，大きな力を発揮することが期待されている。

§3 「チームとしての学校」の専門スタッフ，地域との連携体制の整備

　最後に，管理職や教職員と連携・分担し，それぞれの専門性に基づきながら，子どもの教育をともに担っていく専門スタッフについて確認していこう。

1. 心理や福祉に関する専門スタッフ

　生徒指導に関する課題の解決に当たっては，SCやSSWの協力を得ることが重要である。他方，生徒指導に当たっては，あくまでも校長や生徒指導担当教員のマネジメントのもと，教員がSCやSSWと連携・分担して取り組むことが重要である。また，養護教諭との連携・分担体制にも留意することが重要である。

（1）スクールカウンセラー（SC）

　SCは，心の専門家として児童生徒へのカウンセリングや困難・ストレスへの対処方法に資する教育プログラムの実施を行うとともに，児童生徒などへの対応について，教職員および保護者に対する助言・援助を行っている。

　SCとして選考する者について，国の「スクールカウンセラー等活用事業実施要領」では，①公益財団法人日本臨床心理士資格認定協会の認定に

係る臨床心理士，②精神科医，③児童生徒の臨床心理に関して高度に専門的な知識および経験を有し，学校教育法第１条に規定する大学の学長，副学長，学部長，教授，准教授，講師（常時勤務をする者に限る）または助教の職にある者，またはあった者のいずれかに該当する者としている。

（２）スクールソーシャルワーカー（SSW）

SSWは，福祉の専門家として問題を抱える児童生徒等が置かれた環境への働きかけや関係機関などとのネットワークの構築，連携・調整，学校内におけるチーム体制の構築・支援などの役割を果たしている。

SSWの選考は，国の「スクールソーシャルワーカー活用事業実施要領」において，原則として社会福祉士や精神保健福祉士などの福祉に関する専門的な資格を有する者のうちから行うこととされているが，地域や学校の実情に応じて，福祉や教育の分野において専門的な知識・技術を有する者，または活動経験の実績などがある者で，問題を抱える児童生徒が置かれた環境への働きかけなどの職務内容を適切に遂行できるもののうちから行うことも可とされている。

２．授業等において教員を支援する専門スタッフ

（１）ICT (Information and Communication Technology) 支援員

ICT支援員は，学校における教員のICT活用をサポートすることにより，ICTを活用した授業などを教員がスムーズに行えるように支援する役割を果たしている。近年，情報セキュリティポリシーの運用に対する支援やネットワークセキュリティ対策に対する支援をはじめとした学校の情報管理面やICT環境の運用管理面からの支援など，ICT支援員に求められる役割や能力は多様化している。

さらに，ICTを活用した教育の普及により，教職員を教育活動面や情報セキュリティなどの面でサポートする一定の資質・能力を備えたICT支援

員の必要性が高まっている。

（2）司書教諭・学校司書

　学校図書館の運営は，司書教諭と学校司書が連携・分担して行っている。司書教諭の職務は，学校図書館の専門的職務をつかさどることである（学校図書館法第 5 条①）。学校図書館法上，12学級以上ある学校において必置とされており，教諭などをもって充てることとされている。一方，学校司書は，学校図書館の日常の運営・管理，教育活動の支援などを行っている職員である（学校図書館法第 6 条①）。2014（平成26）年の学校図書館法の改正により，学校には学校司書を置くよう努めなければならないとされた。

　学校図書館は，読書活動の推進のためだけでなく，さまざまな授業における調べ学習や新聞を活用した学習活動などでも活用される。これをふまえ，「チームとしての学校」における学校司書には，「アクティブ・ラーニング」の視点からの不断の授業改善を支援していく役割が期待されている。

（3）英語指導を行う外部人材と外国語指導助手（ALT：Assistant Language Teacher）

　小学校などにおける外国語指導助手や外国語が堪能な地域の人材は，教員とのティーム・ティーチングによるコミュニケーション活動や，教材作成支援など，授業などにおいて，教員を支援する重要な役割を担っている。

　今後，外国語指導助手や英語指導の専門性を有する外部の専門人材の配置への支援を行うとともに，それらの質を確保するための研修などを含めた取り組みを充実していく必要がある。

（4）補習など学校における教育活動を充実させるためのサポートスタッフ

　各地方公共団体では，地域や学校の実情に応じ，補充学習や発展的な学習の実施などのためのサポートスタッフ（退職教職員や学生など）を学校に配置している。国においても，補習などのための指導員等派遣事業を実

施し，児童生徒学習サポーターや教師業務アシスタントなどに対する支援を行っている。

　補習などの教育活動を通じて，多様な子どもの実態に応じて効果的な指導を行うためには，学校や教職員をサポートするスタッフの充実を進めていく必要があり，多様な経験をもった地域人材などの教育活動への参画を得ることが重要である。

3．部活動に関する専門スタッフ

（1）部活動指導員（仮称）

　今後，部活動のさらなる充実の観点から，部活動の指導，顧問，単独での引率などを行うことができる新たな職（部活動指導員〈仮称〉）の在り方が検討されている。

　ただし，部活動の顧問の業務は，技術指導にとどまらず教育活動や学校経営などにかかわることもあるため，部活動指導員（仮称）には，教員との連携・協力が不可欠である。また，部活動指導員（仮称）をはじめとする専門スタッフの参画に当たっては，とくに，具体的な指導の内容や方法，生徒の状況，事故が発生した場合の対応や責任体制などについて十分な調整を行い，共通理解を得ながら進めることが大切である。

4．特別支援教育に関する専門スタッフ

　特別支援教育に関する専門スタッフの参画に当たっては，校長がリーダーシップを発揮して，次のような校内の連携体制を構築する必要がある。また，教員と特別支援教育関係の専門スタッフが連携して支援が行えるよう，児童生徒などの実態把握や支援方策，校内での役割分担について，教員と専門スタッフが共通理解することが必要である。

① 特別支援教育コーディネーター

　特別支援教育関係の専門スタッフとの連絡調整や，校内委員会の企画・運営を行うなど，特別支援教育のコーディネーター的な役割を担う教員を「特別支援教育コーディネーター」に指名し，校務分掌に明確に位置づける。

② 校内委員会の設置

　全校的な支援体制を確立し，障害のある児童生徒などの実態把握や支援方策の検討を行うため，特別支援教育に関する校内委員会を設置する。

（1）医療的ケアを行う看護師

　医療的ケアを行う看護師，准看護師，保健師，助産師は，対象となる児童生徒などに対して，医師の指示のもと，学校生活における日常的な医療的ケアを実施するほか，当該児童生徒にかかわる教職員への指導・助言，保護者からの相談への対応，主治医や放課後デイサービスなどとの連絡を担い，医療的ケアに関する校内体制の中心的役割を果たしている。学校における看護師などの配置や，職務内容について法令上の位置づけはなく，教育委員会が，医療的ケアを必要とする児童生徒などの状態に応じ雇用・配置している。

　特別支援学校，小・中学校ともに医療的ケアを必要とする児童生徒が増加する傾向にある。医療的ケアを必要とする児童生徒などが，安心して学校で学ぶことができるよう看護師などの配置を進めていく必要がある。

（2）特別支援教育支援員

　特別支援教育支援員は，障害のある児童生徒などの日常生活上の介助，発達障害のある児童生徒に対する学習支援など，日常の授業などにおいて，教員を支援する役割を担っている。共通に有すべき資格や，学校における配置や職務内容について法令上の位置づけはなく，教育委員会が，支援を必要する児童生徒などの状態に応じ雇用・配置している。特別支援教育支援員を配置するに当たっては，役割分担と協働の在り方などについて，教

員と特別支援教育支援員の双方で具体的に理解していく必要がある。

（3）言語聴覚士（ST：Speech-Language-Hearing Therapist）・作業療法士（OT：Occupational Therapist）・理学療法士（PT：Physical Therapist）の外部専門家

　言語聴覚士などは，障害のある児童生徒に対し，医学・心理学などの視点による専門的な知識・技術を生かし，教員と協力して指導の改善を行うとともに，校内研修における専門的な指導者としての役割を担っている。

　国は，2013（平成25）年度から特別支援学校の地域のセンター的機能充実のためのモデル事業を実施し，特別支援学校に言語聴覚士などを配置し，特別支援学校の専門性の向上を図るとともに，地域内の小・中学校などに専門家を派遣している。

（4）就職支援コーディネーター

　就職支援コーディネーターは，特別支援学校高等部および高等学校において，一人ひとりの障害に応じた就労支援を充実する役割を担っており，ハローワークなどと連携した障害のある生徒の就労先・就業体験先の開拓，就業体験時の巡回指導，卒業後のフォローなどを行っている。

　国は，2014（平成26）年から就職支援コーディネーターの配置などを推進する委託事業を実施しており，全国40地域が指定され，配置が促進されている。

5．地域との連携体制の整備

（1）地域連携を担当する教職員

　学校が地域と連携・協働するに当たっては，地域や教育委員会との連絡・調整，校内の教職員の支援ニーズの把握・調整，学校支援活動の運営・企画・総括などの役割を担う地域連携担当の教職員を置くことが効果

的である。

　今後は，その職務内容や位置づけを明確化するとともに，そのような教職員に社会教育主事の有資格者を活用することについても検討する必要がある。また，地域に配置され，学校との連携窓口を担う地域コーディネーター（学校側の教育活動支援などのニーズに応え，取り組みを進めていくための地域側の連絡調整役）などとの連携を図っていくことが重要である。

【参考文献】
　1）安彦忠彦，新井郁男，飯長喜一郎他編『新版　現代学校教育大事典』1〜6，ぎょうせい，2002
　2）窪田眞二，小川友次『平成29年版　教育法規便覧』学陽書房，2017
　3）今野喜清，新井郁男，児島邦宏編『新版　学校教育辞典』教育出版，2003
　4）佐藤晴雄『教職概論』（第1次改訂版），学陽書房，2003
　5）小学館『2005年度版　最新教育基本用語（大改訂）』（総合教育技術5月号増刊），2005
　6）東京都教職員研修センター監修『教職員ハンドブック』（第2次改訂版）都政新報社，2008
　7）菱村幸彦，下村哲夫編著『教育法規大辞典』エムティ出版，1994
　8）加藤崇英編『「チーム学校」まるわかりガイドブック』教育開発研究所，2016

第8章 カウンセリングマインド

§1 カウンセリングと カウンセリングマインド

1. カウンセリングマインドとは何か

　中央教育審議会（1998）[1] は，「教員はカウンセリングマインドを身に付けよう」と呼びかけた。教員の役割として，「子どもたちの様々な相談に応じること，問題行動の予兆となるサインに気付き，適切な手だてを講じること，問題行動等を通じて周囲の助けを求めている子どもに的確なケアをすることなど」があるが，この役割を果たす上で，「教員がカウンセリングマインドを持つ」ことが重要であるとしている。

　また，子どもたちだけではなく，近年ますます必要とされてきている保護者への対応においても，同様のことがいえるであろう。つまり，カウンセリングマインドは，とくに，教育や保育に携わる者が身につけておくべき資質のひとつなのである。では，このカウンセリングマインドとは，どのようなものであろうか。

　カウンセリングマインドとは，カウンセラーが備えているべき基本的な資質のことである。カウンセリングとは，心に悩みを抱えている人の相談

にのることであり，その悩みを解決することを目的としている。専門的な立場で相談を受ける人のことをカウンセラーといい，問題を抱えて相談に来る人のことをクライエントという。一般に，カウンセリングには，専門的な場と人と方法とが必要であるとされている。

　カウンセリングの場では，クライエントが中心であり，カウンセラーは，クライエントが自分の問題を自ら理解し，解決していくための手伝いをするにすぎない。そのためにカウンセラーは，クライエントとの間に信頼関係を築き，クライエントの人格を尊重したうえで，クライエントが自己回復力や自己成長力，自己実現の力を発揮できるように努めなければならない。このようなカウンセラーの態度の基礎となるのが，カウンセリングマインドである。なお，カウンセリングマインドは，カタカナで表記されてはいるが，和製英語である。

2．ロジャースの3原則とカウンセリングマインド

　上で述べたような，クライエントが中心となるカウンセリングを創始したカール・ロジャース（Carl Ransom Rogers，米，1902-1987）は，カウンセラーの態度としてもっとも重要なものを3点あげている。
　すなわち，①無条件の積極的関心，②共感的理解，③純粋あるいは自己一致である。

（1）　無条件の積極的関心

　無条件の積極的関心とは，クライエントがどのような人であっても，あるいはどのような状態であっても，何ら条件をつけることなしに積極的な関心をもつということである。言いかえれば，相手のありのままを，取捨選択することなしに，無条件で，すべて受け入れるということである。
　この，無条件の積極的関心は，実は極めてむずかしいことであるといわれている。ほとんど不可能のことのように思われるといえるかもしれない。われわれは，興味・関心をもっている相手であるからこそ，何らかの条件

をつけてしまう。それは，たとえば「〜ならば受け入れる」「〜したら受け入れる」というような，いわば「取引」の形ではなくとも，「よくなってほしい」「幸せになってほしい」と思うことが，すでに無条件ではなくなっている。逆に，こうしたことを思わない相手には，得てして興味・関心がないものである。

　諸富（1999）[2]は，この無条件の積極的関心について，自分（カウンセラー）の心から気になることをすべて追い出してスペースをつくり，その広々とした「心の空間」を相手に「自由に漂ってもら」ったうえで，「相手が表現するすべてのものに満遍なく注意を向けていく」ことだと説明している。

（2）共感的理解

　共感的理解とは，クライエントの感じていることを，あたかもカウンセラー自身が感じているかのように感じ，それを基盤として，相手自身の内部基準枠で相手を理解することである。いわば，相手の気持ちを感じることによって，相手のことを理解していくことといえよう。その際，手がかりとなるのは，相手の言葉のみならず，表情，行動，声の調子などその人が全身で表現しているものである。

　しかしながら，共感的理解も大変むずかしいことだといえる。まず，人が人を完全に「理解」することなどあり得ない。あくまでも，「あなたが言いたいのは〜のことだと，私には思える」「あなたは〜であると，私には伝わってくる」という，推測でしかない。そのことを了解したうえで，それでもやはり，相手のことをわかりたいと思い，理解しようとする姿勢が大切であるといえよう。

　共感についても同様のことがいえる。相手が表しているものから，たとえば「怒っているのだな」「うれしいのだな」といった相手の感情を読み取ることはむずかしいことではないかもしれない。しかしながら，共感とは，相手の感情を読み取ることではない。また，たとえば嘆き悲しんでいる相手をみて「かわいそう」「何とかしてあげたい」と思うのも，共感で

はない。共感とは，相手の心の痛みを，自分の心の痛みとして感じること
である。そのためにカウンセラーは，自分自身が体験してきたさまざまな
感情を，もとになった体験とともに，整理しておかなければならない。

（3）純粋あるいは自己一致

　純粋あるいは自己一致とは，カウンセラーは自分に嘘をついてはいけな
いということである。カウンセリングの場で，クライエントの話を聞きな
がら，その内容やクライエント自身についてカウンセラーが感じたことを，
カウンセラー自身が気づいていることである。ときには，ネガティブな感
情や相反する気持ちが起きるかもしれないが，そうしたものについても自
覚的でなければならない。ただし，自分が今どんな感じがしているのかを，
相手に伝えるかどうかは，別の問題である。伝えないとしても，自分の感
じていることに気づいておくことが，大切である。

　この純粋あるいは自己一致は，相手を肯定的に受容するために不可欠で
ある。相手のことをありのまま受け入れるためには，自分自身もあるがま
までいなければならない，ということだろう。

§2　保育・教育の場と カウンセリングマインド

1．保育者・教師の資質としてのカウンセリングマインド

　前節では，カウンセラーの備えているべき基本的資質として3つのこ
とをあげた。では，保育・教育の場では，このカウンセリングマインドは
どのように活かされるのであろうか。

　実は，「カウンセラー」という言葉を「保育者・教師」に，「クライエン

ト」という言葉を「子ども」に換えれば，それがそのまま保育者・教師の
もつべき資質であるといえよう。

　1989（平成元）年に「幼稚園教育要領」と「保育所保育指針」が改訂さ
れ，子どもの主体性を尊重すること，遊びを通して総合的に指導すること，
子ども一人一人を理解し，個に応じた指導をすることなどが強調された。
これは，保育者主導の保育から，子ども中心の保育への転換を意味するも
のでもある。

　そしてこの「環境を通して行う教育」を基本とすることは，2017年（平
成29年）の改訂においても変わっていない。

　「幼稚園教育要領」に示されたことを実際に保育者が実践できるように，
1993（平成5）年から文部省（当時）は，都道府県ごとに「保育技術専門
講座」を開催し，教師の研修を行った。その研修のための「保育技術専門
講座資料」[3]では，保育者の専門性を「一人一人の幼児の内面を理解し，
信頼関係を築きつつ，発達に必要な経験を幼児自らが獲得していけるよう
に援助する力である」と規定し，これがカウンセラーの姿勢と共通したも
のであると述べられている。さらに，保育の営みのなかで重要なことは，
教師と子ども一人一人との間に信頼関係を築き，子どもの言葉や表情から
その子どもの内面を理解し，子ども自身が課題を乗り越えていけるように
適切な援助をすることであるから，保育とカウンセリングとの間には，以
下のように共通点が多いとも述べられている。すなわち，①心のつながり
を大切にする，②相手の立場に立って共に考える，③ありのままの姿を温
かく受け止め見守る，④心の動きに応答する。これらはまさに，ロジャー
スの3原則に呼応しよう。

　このような子どもの心を重視する傾向は，幼稚園・保育所から始まり，
やがて，小学校・中学校へとおよんできた。1999（平成11）年度に改正さ
れた教育職員免許法で，教員免許を取得するためにはカウンセリングにつ
いて学ぶことが必要とされたのは，こうした傾向をよく表したものである
といえよう。

　しかしながら，保育・教育の場で行われるのは，当然のことではあるが，

カウンセリング活動そのものではない。これは，「保育技術専門講座資料」にも明言されているとおりである。「保育技術専門講座」の目的は，カウンセラーの養成ではなく，保育者の実践的な指導力を高めることであり，「カウンセリングの基本的な姿勢を教育の場に生かしていこうとする」ことがカウンセリングマインドなのである。

2．カウンセリングマインドの対象

　一般のカウンセリングと，保育・教育の場でのカウンセリングマインドとは，どう違うのであろうか。まず，その対象が異なることがあげられよう。

　カウンセリングでは，先述したように，心に悩みをもつ人がその対象となる。心に問題を抱え，その解決を欲し，そのために相談者を必要としている人が対象である。カウンセリングにおけるクライエントは，自身が問題をもっていること，あるいは苦しんでいることを認識し，それらからの解放を求めて，自ら進んでカウンセリングの場に赴いている人である。逆にいえば，心に悩みのない人，あるいはそれを自覚していない人は，カウンセラーの門をたたくことはない。いわばカウンセリングにおけるクライエントは，自らの意思でクライエントになっているのである。カウンセラーのほうから出向くことは，基本的にないといってよい。

　一方，保育・教育の場に集う子どもたちは，心に悩みをもち，その解決を図るためにそこにいるのではない。保育や教育を受けるためにいるのである。なかには，特別に手のかかる子や気にかかる子，あるいは障害をもつ子や疑われる子もいるであろう。そして，そうした子どもに対しては，よりいっそうカウンセリングマインドによる対応が求められることであろう。しかし，上述した場合も含めて多くの子は，幼稚園・保育所・認定こども園や学校で，友達と遊んだり，学んだりすることを楽しみにしており，そのなかで，ときには友達ともめたり，悔しい思いをしたり，辛い思いをしたりするのである。保育者・教師がカウンセリングマインドをもって対

応する対象は，そうした子どもたちである。さらに近年は，保護者に対するときにもカウンセリングマインドが必要であるといわれている。

3．カウンセリングマインドの目的

対象が異なれば，目的も異なる。

すでに見たように，一般のカウンセリングにおけるクライエントは，何らかの悩みを抱えており，それをどうにかしたいと願っている。したがってカウンセリングの目的は，問題を解決し，苦しみから解放されること，少なくとも苦痛の低減を図ることである。治療的なカウンセリングが必要とされる。

一方で，保育・教育の場にいる子どもたちの多くは，このようなかかわりを必要としない。問題は顕現していないからである。しかしながら，発達途上にいる子どもたちは，ある意味でつねに不安定であり，表面的には何ら問題となることはないように見えても，心の奥には，不安や不満が隠されていないともいえない。子どもたち自身でさえ，それに気づいていないことも多いだろう。こうした問題の「種」が，いつ，どのような形で芽を出すのかを予測することは困難である。

保育や教育に携わる者に求められるのは，問題が表面化することを未然に防ぐ役割であろう。そのためには，出始めている「芽」を，モグラたたきのように摘み取っていくだけではなく，その大本となっている「種」そのものに働きかけることが必要であり，それを可能にするのが，カウンセリングマインドによるかかわりであろう。これは，予防的・開発的なカウンセリングとよばれるものと通ずる。「なおす」のではなく，「育てる」視点が必要である。諸富（1999）[2] は，保育者・教師のすべき「育てるカウンセリング」のことを「打って出るカウンセリング」とよんでいる。

4．カウンセリングマインドによる接し方

　以上，見てきたように，保育・教育の場で，保育者・教師がカウンセリングマインドをもつことの重要性は明らかである。では，カウンセリングマインドによるかかわりとは，具体的にはどのようなものだろうか。このことを考えるうえで，アクスラインの8原則が参考になろう。

　バージニア・アクスライン（Virginia M. Axline, 米, 1911-1988）は，プレイセラピー（遊戯療法）とよばれる心理療法を開発・発展させた。プレイセラピーとは，その名のとおり，遊びを通して問題を解決しようとするものである。「遊びとは何か」ということについては，古来，さまざまな人が，さまざまな立場で考えてきており，ここでは詳しく触れないが，子どもと遊びということに限っていえば，遊びとは子どもの生活そのものであり，遊びを通して子どもは，自分自身を表現すると考えられている。その意味で遊びは，すでに自己治癒的な働きをもつ。

　さらに子どもは，言葉にならない（できない）心の内奥を，遊びのなかで象徴的に表現する。プレイセラピーは，このような考えのもと，プレイセラピストが介在することによって行われる。そのプレイセラピストが心得ておくべき原則として，アクスラインは，以下の8つを掲げている[4]。すなわち，

① セラピストは，子どもと温かい友好的な関係を樹立する。
② セラピストは，子どものあるがままの姿を受容する。
③ セラピストは，子どもとの関係で，許容的な感情を作り出すように努める。
④ セラピストは，子どもが表出する感情を敏感に察知し，これらの感情をオウム返しに返し，自分の感情を洞察しやすくする。
⑤ セラピストは，子どもは，自分の問題を解決する機会が与えられるなら，子ども自ら解決できる能力をもっていることを信じて疑わな

い。選択し，変化し始めるかいなかは子どもの責任にしておく。

⑥　セラピストは，かりそめにも子どもの行動や会話に指示を与えることのないようにする。子どもがリードし，セラピストが従う。

⑦　セラピストは，治療を急がない。

⑧　セラピストは，治療を現実の世界に関係づけておくのに必要な，また，子どもに治療関係での責任を自覚させるのに必要な制限を与えるだけである。

　この8原則のなかのセラピストを保育者・教師に，治療を保育・教育に換えれば，これはそのまま，保育室や教室での保育者・教師のとるべき態度になるのではないだろうか。

§3　保育・教育の場での対応の実際

　前節までで，保育・教育の場において，保育者・教師がカウンセリングマインドをもって子どもにかかわることの大切さを述べてきた。本節では，具体的な子どもの姿をあげ，その対応について考える。

1．気にかかる子どもへの対応

　保育室や教室に集まる子どもたちのなかに，保育者・教師にとって，どうしても「気にかかる」子どもがいることがある。はっきりとした問題行動を起こすわけではない。保育者・教師を困らせるわけでもない。それでも，なぜか，「気にかかる」のである。

　たとえば，友達集団のなかに入らず一人でいる子，ほかの子どもたちに

「君臨」しようとする子，いつでも付和雷同する子，自分の考えや気持ち
をはっきり主張できない子，乱暴な行動をとったり暴言を吐いたりする子，
人の失敗をあげつらう子，自分の自慢ばかりする子，自分に自信がない子，
嘘（しかも見え透いた嘘）をつく子，やたらと保育者や教師に甘えてくる子，
年齢不相応にしっかりしていて「おとなびた」子，年齢の割に幼い子，や
さしすぎる子，意地悪な子，すぐ泣く子，すぐ怒る子，感情表現に乏しく
いつも冷めた感じのする子……あげていけばきりがないだろう。

　このような「気にかかる」子どもに対するときにこそ，カウンセリング
マインドを活かすべきである。子どもの気持ちに寄り添い，その子がなぜ
そのような態度をとるのかを理解しようとし，その子の目で世界を見るよ
うに努めなければならない。そして，その子がどうなりたがっているのか
を感じ取り，その手助けをしていくのが，保育者・教師の役割である。

　一例をあげよう。集団に参加せず，一人でいる子は，保育者・教師の注
意を引く。そして多くの場合，保育者・教師はその子を集団活動（遊び）
に誘い出そうとするようである。しかし，保育者・教師の働きかけのかい
あってか，その子がみんなといっしょに遊ぶようになれば，それでよいの
だろうか。みんなといっしょに遊ぶように促す前に，その子がなぜ一人で
いるのかを考えてみる必要はないだろうか。もしかしたら，本当はいっ
しょに遊びたいのに，うまく仲間入りができないのかもしれない。もしか
したら，遊んでいる友達を外から眺めていることが好きなのかもしれない。
もしかしたら，ほかの友達と興味・関心が違うため，いっしょに遊んでも
つまらないのかもしれない。もしかしたら，一人でいることが好きで，自
分の世界をつくっているのを邪魔されたくないのかもしれない。もしかし
たら，そもそも他人に興味がないのかもしれない。このように，集団に参
加しない理由はさまざま考えられる。そして，その理由に応じて，保育
者・教師の働きかけは異なるはずである。

　子どもの態度の裏にある子どもの気持ちに気づいたとしても，それはあ
くまで「今」の子どもの気持ちであるということを忘れてならない。「こ
の子は一人でいるのが好きなのだ」と子どもにラベリングすることは，厳

に慎まねばならない。子どもはつねに変化し，発達している。ラベリングしてしまうと，その変化を見逃しかねない。「この子は，"今は"一人でいるのが好きなのだ（これから先はわからない）」と考え，その子の様子を見守っていくことが重要である。

　子どもの気持ちに気づくには，ここで取りあげているカウンセリングマインドはもちろんであるが，子どもの発達や教育に関する知識が必要であることは言をまたない。たとえば，大人から見れば「嘘」であることが，小さな子どもにとっては「嘘」でないこともある。認知上の制約から出てくる行動であると解釈すべきである（3歳児が四則演算ができないからといって責められるべきではないのと同様である）。

　「気にかかる」子どもを誰が「気にかける」のかといえば，それは当の保育者・教師である。この意味で，保育者・教師は，自分自身の気持ちに自覚的でなければならない。子どもに対して「こうなってほしい」というのは，あくまで保育者・教師自身の願いであり，子どもの「こうなりたい」とは別である。また，子どもの言動を見て，たとえば怒りを感じることもあろう。しかしながら怒っているのは，あくまでも保育者・教師自身である。「あなたが私を怒らせた」という言い方は日常でもよく耳にするが，他人が自分の感情を支配することはできない。繰り返すが，怒りを感じるのは自分の責任である。保育者・教師は，普段から自分の心と向き合い，自分はなぜそのように感じるのか，自分はどのような人間であるのかなど，自分自身を知っておく必要がある。ときにそれは，極めて辛い作業であるかもしれない。しかしながら，子どもに限らず「人」と接する者にとって，避けては通ることのできない作業であろう。

2．問題行動への対応

　すでに述べたように，保育者・教師がカウンセリングマインドを活かした対応をすることにより，問題行動を未然に防ぐことが可能である。しかし，いくら保育者・教師が努力しても，カウンセリングマインドをもって

いても，問題が起きるときは起きる。また，問題が起きた後は，カウンセリングマインドが，かならずしも有効であるとは限らない。

　たとえば，不登校について考えてみよう。学校（幼稚園・保育所）に来ない（来られない）子どもに対して，その子の気持ちを慮(おもんぱか)ることは大切である。しかし，「そうだね，君の気持ちはよくわかるように思うよ。それなら，学校になんか来られないっていうのも，わかる気がするよ。いいよいいよ，学校なんて来なくていいよ」というのは，教師（保育者）の発言として適切だろうか。

　ここに，実は，保育者・教師がカウンセリングマインドをもつことのむずかしさがある。保育者・教師という立場は，子どもを「指導・教育」することが求められている。一方でカウンセラーに求められているのは，「相談」である。「指導・教育」と「相談」とは，ときに鋭く対立する。そのとき，自分はどのような立場に立つのか，自分に何ができるのか（何ができないのか）を，保育者・教師は考えなければならない。

　子どもの問題行動が現れてきたとき，ごく初期であれば，担任のカウンセリングマインドを活かしたかかわりにより，解決が図れる場合もある。カウンセラー的にかかわるか否かを選択するための目安として，桑原(1999)[5]は，「腹の底からわかるかどうか」「長く続けられるかどうか」の2点をあげている。つまり，子どもの気持ちが本当には理解できないとき，精神的・身体的・物理的に無理があるときには，カウンセラー的なかかわりは控えたほうが無難である。そこを押してかかわると，保育者・教師自身の精神的・身体的健康が損なわれるおそれがあるだけではなく，子ども自身の心を深く傷つけることにもなりかねないのである。

　担任がかかわらない（かかわれない）場合，あるいは，かかわってみたがうまく解決できない場合もある。そのようなとき，保育者・教師は，問題を一人で抱え込んではならない。同僚や管理職に助けを求め，学校カウンセラーを利用し，できれば専門機関と繋がることが必要である。そしてこれは，一人の保育者・教師にできることではなく，その幼稚園・保育所・認定こども園や学校全体の風土にかかわるものである。

幼稚園・保育所・認定こども園や学校の風通しがよく，保育者・教師同士の連携がとれ，お互いに協力的であり，民主的な雰囲気で，さらに，外部に対して開かれているのであれば，子どもの問題行動に対しても適切に対処できるはずである。また，このような雰囲気の保育・教育の場であるならば，子どもの問題行動そのものも，少なくなると考えられる。「子どもは大人の鏡」とは，保育・教育の場にもあてはまる言葉であろう。

3．特別な支援を必要とする子どもへの対応

2012（平成24）年，中央教育審議会初等中等教育分科会[6]は，「共生社会の形成に向けたインクルーシブ教育システム構築のための特別支援教育の推進」を報告した。これは，「障害者の権利に関する条約」（日本は2007年署名，2014年批准・発効）を受けたものであり，「インクルーシブ教育システム」は，この条約のなかではじめて提唱された新しい概念である。

中央教育審議会初等中等教育分科会報告では，インクルーシブ教育システムについて，障害者の権利に関する条約を引きながら「人間の多様性の尊重等の強化，障害者が精神的及び身体的な機能等を最大限度まで発達させ，自由な社会に効果的に参加することを可能とするとの目的の下，障害のある者と障害のない者が共に学ぶ仕組みであり，障害のある者が一般的な教育制度から排除されないこと，自己の生活する地域において初等中等教育の機会が与えられること，個人に必要な「合理的配慮」が提供される等が必要とされている」と述べている。

これまでも，障害をもつ子どもや障害が疑われる子どもが幼稚園・保育所・認定こども園や学校で，健常児と過ごすという統合保育・統合教育が行われてきたが，インクルーシブ教育システムは，これをさらに進め，ノーマライゼーションへと向かう教育的取り組みの根幹と位置づけることができよう。子どもは，子どもの集団のなかで，さまざまなことを学び，ともに育っていくものである。多様な子どもたちが同じ場でともに学んでいくことに意義があるといえる。

　もちろん，何らかの障害をもつ子どもは，その障害の種類，程度によって，生活するうえでの不便を被ることが多い。保育者・教師は，そのことをよく知ったうえで，その子に応じたかかわりをすることが必要である。

　ここで留意すべきことは，診断名を知る，あるいは障害を知ることは，その子を知ることではないという点である。たしかに，同じ診断名をもつ子どもの間には，その生活上の不便さにある程度の共通点がある。しかしながら，同じ診断を下されていても，一人一人の子どもは，すべて固有の存在である。ある障害をもつということは，その子の一部でしかない。その障害を知ることは，その子を理解するための手がかりの一つにすぎない。

　この当たり前のことを念頭に置きながら，その子の心に寄り添い，その子に見えている世界を見ようとすることが，カウンセリングマインドの発露であろう。

　1.で見た，子どもの「気にかかる行動」の裏には，何らかの障害が隠されていることもある。たとえば，集団に参加しない（できない）子どものなかには，知的な遅れがあるためにほかの子と同じことができず，結果として，みんなといっしょに遊べないということがあるかもしれない。もしそうであるならば，また異なるアプローチが必要となろう。そのためにも，保育者・教師には，子どものさまざまな障害についての一般的な知識をもつことが求められる。

　また，2.で述べた「腹の底からわかるかどうか」についても，知識をもつことにより，「わかる」範囲も広がっていく可能性がある。

　障害のある子どもを保育・教育の場に受け入れるにあたって，専門機関との連携は不可欠である。障害児のなかには，幼稚園・保育所・認定こども園や学校に通いながら，定期的に専門の療育機関などに通っている子どももいる。そのような場合，どのような治療がなされているのか，生活するうえで気をつけるべきことはないのかなど，その機関からの情報を得ることは有益である。

　しかし，専門機関と同じことをする必要はない。保育・教育の場で心がけるべきことは，その子の毎日を，豊かで楽しいものにすることではない

だろうか。それが専門職としての保育者・教師の仕事であろう。

　障害のある子どもの保育・教育にあたっては，保護者との連携も求められる。もちろん，すべての子どもについて，その保護者とよい関係を築き，連携をとることは重要なことである。育児相談にのったり，ときには愚痴の聞き役になったりすることもあろう。そのような保護者との対応においても，カウンセリングマインドが発揮されるべきである。「説教」しようとしたり，「悪者探し」をしようとしたりしてはならない。保護者の気持ちに寄り添い，指導するのではなく，ともに考える姿勢が大切である。

　そしてこれは，障害児の保護者にとって，より重要であるといえよう。障害児の保護者の多くは，それまでに多くの苦しみを味わい，葛藤を経験してきた。それは，今なお継続中かもしれない。さらに，生活にさまざまな制約が課されることもある。そのようななかで，わが子の保育・教育を担当している者が自分の気持ちを理解しようとしていると感じられることは，うれしいことではないだろうか。

　そして何よりも，保育者・教師が，カウンセリングマインドをもって子どもとかかわっていること，「私は，子どもの人間性そのものをみています」というメッセージは，保護者はもとより，子ども自身にとっても，大きな安心をもたらすのではないだろうか。

【引用文献】
1）中央教育審議会「新しい時代を拓く心を育てるために』―次世代を育てる心を失う危機―（答申），（幼児期からの心の教育の在り方について）」文部省，1998
2）諸富祥彦『学校現場で使えるカウンセリング・テクニック（上）―育てるカウンセリング編・11の法則』誠信書房，1999
3）文部省『保育技術専門講座資料』1993
4）氏原寛・東山紘久（編著）『幼児保育とカウンセリングマインド』ミネルヴァ書房，1995
5）桑原知子『教室で生かすカウンセリングマインド』日本評論社，1999

6）中央教育審議会初等中等教育分科会「共生社会の形成に向けたインク
　　ルーシブ教育システム構築のための特別支援教育の推進（報告）」文部科
　　学省，2012

【参考文献】

1）諸富祥彦『学校現場で使えるカウンセリング・テクニック（下）―問題
　　解決編・10の法則』誠信書房，1999
2）柴崎正行・田代和美『カウンセリングマインドの探究―子どもの育ち
　　を支えるために』21世紀保育ブックス3，フレーベル館，2001

第9章　教師をめぐる新しい動き

§1　教師の新たな役割

　近年，グローバル化や情報化といった社会的変化が，人間の予測を超えて進展するようになってきている。このような状況を踏まえて，2016（平成28）年の「中央教育審議会答申」（以下，中教審答申）[1]では，これからの時代を生きる子どもたちがよりよい社会と幸福な人生の創り手となるため，「生きる力」の育成に向けた教育課程の改善を行うことが示された。

　以下では，グローバル化や情報化という社会を生きるための子どもたちの課題を確認するとともに，それを育成する教師の役割について検討していこう。

1．グローバル化と教師の役割

（1）グローバル化と教育

　「グローバル化」という言葉を新聞・テレビ・雑誌などで一度は聞いたことがあるだろう。また，「グローバルスタンダード」や「グローバル人

材」という言葉を耳にすることもある。しかし,「グローバル化」の意味
は何かと聞かれると答えることがむずかしい。

　たとえば,日本で働く外国人の増加や海外で働く日本人の増加など,
「人」の国際的な移動もグローバル化の特徴の１つといえるだろう。たし
かに,私たちの身近な場所でも,外国から来て日本で働いて暮らす人が増
えたり,職場でも英語を使って仕事をするようになったりという話を聞く
こともある。それでは,英語ができればグローバル化といえるのだろうか。

　2012（平成24）年,「グローバル人材育成推進会議」の審議まとめ[2]に
おいて,「グローバル人材」の概念として,要素Ⅰ:語学力・コミュニケ
ーション能力,要素Ⅱ:主体性・積極性,チャレンジ精神,協調性・柔軟
性,責任感・使命感,要素Ⅲ:異文化に対する理解と日本人としてのアイ
デンティティーをあげている。「グローバル人材」には,まず語学力・コ
ミュニケーション能力が求められるが,それだけではない。国籍や民族の
異なる人々や,異なる文化をもつ人々が文化の違いや価値を尊重し合う
「異文化に対する理解」と,自分自身が何者であるかという「アイデン
ティティー」をもつことなどが重要となる。

　それゆえに,教師自身が異なるものや異文化の人々とのかかわりを通じ
て,自分の考え方や行動の仕方などを柔軟に変えることができるかどうか,
また,広い心で相手の立場に立って考えることができるかどうかというこ
とを問うことが不可欠である。なぜならば,教師を目指す自分自身がどう
感じているかを振り返ってみることが,異文化理解に向けての出発点にな
るからである。

　また,自分が経験してきた文化をもっとも正しいものと考え,その視点
でほかの文化を判断してはならないことも重要である。１つのものの見
方や考え方にとらわれて,異なる文化・生活・習慣を評価することは,子
どもたちを偏見や間違った理解に陥らせる危険性があることを十分に注意
しなければならない。

　以上のように,私たちが異なる文化をもつ人々の状況を知り,その人た
ちとかかわり,新たな関係性を創り出す「多文化共生」を考えることは,

その基盤となる自分についても見つめ直すことである。このような振り返りを子どもだけでなく，教師自身も行っていく必要がある。

（2）小学校における外国語教育

　外国語によるコミュニケーション能力の育成については，小学校における外国語教育と関連させて考えておく必要がある。2011（平成23）年から小学校5・6年「外国語活動」を実施している。2020年からは，小学校3・4年で「外国語活動」（年間35単位時間）を，小学校5・6年で「外国語科」（年間70単位時間）を実施することにした[3]。新たに導入された「外国語科」の「目標」は，「外国語によるコミュニケーションにおける見方・考え方を働かせ，外国語による聞くこと，読むこと，話すこと，書くことの言語活動を通して，コミュニケーションを図る基礎」となる資質・能力を育成することを目指すとされた。

　まず，「外国語活動」と大きく異なるのは，アルファベットの文字を用いて「読むこと」「書くこと」に慣れ親しませるという点である。ここでは「アルファベットの文字や単語などの認識」，「国語と英語の音声の違いやそれぞれの特徴への気付き」，「語順の違いなど文構造への気付き」などの言葉の仕組みの理解を促す指導が求められる。

　これは，中学校へ学びの連続性を踏まえたものであるが，文法的な説明を優先させるのではなく，体験的なコミュニケーション活動を通して，言葉の仕組みのおもしろさなどの気づきを促すという点に留意したい。

　次に，「外国語活動」と「外国語科」と共通であるが，「外国語によるコミュニケーションにおける見方・考え方」については，中教審答申において「外国語で表現し伝え合うため，外国語やその背景にある文化を，社会や世界，他者との関わりに着目して捉え，目的・場面・状況等に応じて，情報や自分の考えなどを形成，整理，再構築すること」とされている。とくに，小学校における外国語教育では，「外国語やその背景にある文化を，社会や世界，他者との関わりに着目して捉える」ということに力点が置かれている。

　外国語やその背景にある文化を理解する際には，知識として理解を深めるのではなく，実際に外国語指導助手（ALT）や地域に住む外国人との交流等の体験を通じて理解を深めていくことが重要であろう。

　これからの教師には，英語などの外国語のコミュニケーション能力を高めていくことはもちろんのこと，異質な文化を背景にもつ多様な人々と言葉を通じて新たな関係性を創り出していく姿勢が求められる。

（3）海外・帰国および外国人児童・生徒の教育

　海外で生活する日本の子どもを「海外子女教育」とよび，海外に長期間在留した後に帰国した児童生徒への教育を「帰国児童生徒教育」とよんでいる。グローバル化の進展に伴い，帰国児童や外国人児童が多くなっている。『小学校学習指導要領　総則編』においても帰国児童については，「学校生活への適応を図るとともに，外国における生活経験を生かすなどの適切な指導を行うものとする」とされている。ここでは，異文化での貴重な経験を通して身につけた外国語能力や国際感覚といった特性を生かすことができるように配慮しつつ，相互啓発を通じて，互いに尊重し合う態度を育て，国際理解を深めることなどが期待されているのである。

　外国人児童に関しても，これまでは日本の学校にどう適応させるかということが中心的な関心となりがちであった。しかし，異なる文化的背景を有する者同士が，互いの文化を認め合い，ともに生きていくためにも，これからの教師たちには異文化に開かれた学習環境をつくっていくことが求められている。

　また，中教審答申では「外国籍の子供や，両親のいずれかが外国籍であるなどの，外国につながる子供たちも増加傾向にあり，その母語や日本語の能力も多様化している状況にある。こうした子供たちが，一人一人の日本語の能力に応じた支援を受け，学習や生活の基盤を作っていけるようにすることも大きな課題である」と指摘している。さらに，日本語指導が必要な日本国籍の児童生徒も近年急増しているとされている。

　そこで，日本語指導に関しては，2014（平成26）年に学校教育法施行規

則が改正され，日本語の習得に困難のある児童を対象とした日本語指導に
関する「特別の教育課程」（年間10単位時間から280単位時間までを標準とす
る，原則として「取り出し」指導）を編成できるようになった。

　「特別の教育課程」を編成するためには，児童の在籍する学級担任や通
級による日本語指導を担当する教師のみならず，すべての教職員が協力し
ながら，学校全体で取り組む必要がある。また，日本語教育や母語による
コミュニケーションなどの専門性を有する学校外の専門人材の参加や協力
を得ることも大切である。

　近年では，このような児童をめぐる課題が複雑化・多様化しており，
個々の教員のみで対応することが困難になっている。また，このような教
育課題が教員の業務負担を増加させている側面もある。そこで，このよう
な課題を解決するために，「チームとしての学校」（以下「チーム学校」）[4]
の体制整備が求められている。

　2015（平成27）年の中教審答申「チームとしての学校の在り方と今後の
改善方策について」において，「チームとしての学校」像は，「校長のリー
ダーシップの下，カリキュラム，日々の教育活動，学校の資源が一体的に
マネジメントされ，教職員や学校内の多様な人材が，それぞれの専門性を
生かして能力を発揮し，子供たちに必要な資質・能力を確実に身に付けさ
せることができる学校」とされる。

　このように「チーム学校」は，組織として教育活動に取り組むチーム体
制をつくり，専門家や専門機関とも連携しながら，学校の機能を強化する
ものである。これからの教師には，さまざまな教育課題を個々の教員が抱
え込んだり，専門家に任せたりせずに，子どもたちの教育課題を共に議論
し，意識の方向性を共有しながら，学校における教育活動を充実させてい
くことが求められる。

　以上のように，日本語指導が必要な外国人児童生徒に対しても，教職員
や専門スタッフがチームとして適切に役割分担しながら，チームとしての
組織力を向上し，学校の教育力を充実していくことが重要となる。

2．情報化と教師の役割

（1）情報化社会と教育

　今後の社会は「第4次産業革命」であるといわれる。それは，進化した人工知能（AI）がさまざまな判断を行ったり，IoT（Internet of Things）と呼ばれるように，身近なモノがインターネットにつながり，さまざまなデータが蓄積されるようになった結果，加速度的に状況が変化する社会である。また，IoTで収集したデータをAIが分析することで，自動車などの自動運転なども可能になるとされ，今後も社会や生活を大きく変えていくと予測がされている。

　このような時代においても，自分の人生を切り拓き，よりよい社会を創っていくことができる資質・能力を育てるにはどのようにしたらよいのだろうか。ここでは，情報活用能力について検討しながら，考えてみたい。

　これまでも「総合的な学習の時間」などを活用し，道具としてコンピュータを活用してきた。今回の学習指導要領の改訂では，「情報活用能力」が言語能力と並んで，「学習の基盤となる能力」として「総則」に示されている。

　情報活用能力は，これまで「情報活用の実践力」「情報の科学的な理解」「情報社会に参画する態度」の3観点8要素に整理されてきた。しかし，今回の学習指導要領の改訂に際して，情報活用能力を構成する資質・能力は，「知識及び技能」「思考力，判断力，表現力等」「学びに向かう力，人間性等」の「三つの柱」に沿って再整理された。

　まず，「知識及び技能」については，「情報と情報技術を活用した問題の発見・解決等の方法や，情報化の進展が社会の中で果たす役割や影響，情報に関する法・制度やマナー，個人が果たす役割や責任等について，情報の科学的な理解に裏打ちされた形で理解し，情報と情報技術を適切に活用するために必要な技能を身に付けていること」とされた。

　たとえば，ロボット掃除機もプログラムで動いている。子どもたちも便利な道具として利用しているものの，それらがどのような仕組みで動いているのかを理解することがなく，ブラックボックス化した状態になっている。子どもたちが「情報の科学的な理解に裏打ちされた形で理解」しようとするためにも，プログラミング思考などを育むことを目的とした「プログラミング教育」が小学校段階から実施されることになった。

　次に，「思考力，判断力，表現力等」については，「様々な事象を情報とその結びつきの視点から捉え，複数の情報を結びつけて新たな意味を見出す力や，問題の発見・解決等に向けて情報技術を適切かつ効果的に活用する力を身に付けていること」とされた。

　この点については，2013年に全国の小学校5年生3,300名を対象とした「情報活用能力調査」において，「整理された情報を読み取ることはできるが，複数のウェブページから目的に応じて特定の情報を見つけ出し関連付けるなど，情報の組合せによる判断に課題があった」という指摘を踏まえたものといえる。また，情報の結びつけ方に関しても，ビックデータやAIを活用した相関関係の分析とは異なった，感性や想像力を働かせながら情報同士を比較・関連づけて新たな意味づけを行うことができるという人間独自の力を育んでいく工夫が必要となるだろう。

　さらに，「学びに向かう力，人間性等」は，「情報や情報技術を適切かつ効果的に活用して情報社会に主体的に参画し，その発展に寄与しようとする態度等を身に付けていること」とされた。

　近年では，スマートフォンやソーシャル・ネットワーキング・サービス（SNS）などが普及し，これらの利用を巡るトラブルなども増えている。このようなトラブルに適切に対処するためには，「情報社会で適正に活動するための基となる考え方や態度」とされる「情報モラル」の指導が今まで以上に重要となる。

　以下では，「プログラミング教育」と「情報モラル教育」に焦点を当てて検討してみたい。

（2）小学校におけるプログラミング教育

　それでは，小学校の段階ではどのような「プログラミング教育」を展開することができるのだろうか。小学校段階からプログラミング教育の意義と在り方について，有識者会議における議論の取りまとめ」(2016)[5] が提出された。

　そこでは，コンピュータがどのような仕組みで動いているのか，その働きを理解するために，「自分が意図する一連の活動を実現するために，どのような動きの組合せが必要であり，一つ一つの動きに対応した記号を，どのように組み合わせたらいいのか，記号の組合せをどのように改善していけば，より意図した活動に近づくのか，といったことを論理的に考えていく力」が必要であるとされ，これを「プログラミング思考」と定義した。

　しかし，ここで留意すべきは，「プログラミング教育」は「コーディングを覚えることが目的ではない」とされ，特定のプログラミング言語によるプログラムを組むことが目的ではないとされている点である。プログラミング教育に際しては，「コンピュータに意図した処理を行うように指示することができるということを体験」しながら学ぶことであり，小学校段階では，身近な生活でコンピュータが活用されていることや，問題の解決には必要な手順があることに気づくことが重要なのである。

　これからの教師に求められるのは，コンピュータによるプログラミングを習得することよりも，児童の身近な生活や学びのなかにおけるプログラミング思考や論理的思考がどのように活かされているのか，たとえば音楽づくりとプログラミング的思考との関係（反復記号などの音楽に関する用語は，順次，分岐，反復といったプログラムの構造を支える要素と共通する性質がある）などの身近な教材から研究してみることが重要であろう。

（3）情報モラル教育

　情報技術が急速に進化していく時代にどのような「情報モラル」を身につける必要があるのだろうか。

『小学校学習指導要領解説　総則編』では，情報モラルの具体的な例として，「他者への影響を考え，人権，知的財産権など自他の権利を尊重し情報社会での行動に責任をもつことや，犯罪被害を含む危険の回避など情報を正しく安全に利用できること，コンピュータなどの情報機器の使用による健康との関わりを理解すること」などをあげている。

また，『「情報モラル」指導実践キックオフガイド』[6] では，情報モラル教育の内容を「情報社会における正しい判断や望ましい態度を育てること」と「情報社会で安全に生活するための危険回避の方法の理解やセキュリティの知識・技術，健康への意識」という2つに分けて捉え，前者を「心を磨く領域」とし，後者を「知恵を磨く領域」としている。

このような情報モラル教育において留意すべき点は，「思いやり」や「きまりを守る」などの道徳性を育成することも重要であるが，それだけでは十分に対応することが困難であるため，著作権や自他の個人情報の管理に関する知識や，情報セキュリティに関する知識などを習得させることにある。

さらに，道徳科や特別活動のみで実施するのではなく，各教科で情報の収集や発信などの情報を活用する学習指導の場面，児童の日常的な生活における具体的な問題にかかわる生徒指導の場面などにおいても実施することが必要である。

近年のスマートフォンやSNSの利用をめぐるトラブルを踏まえると，情報化の「影」の部分にどう対応するのかという点だけに指導が偏りがちになる。しかし，私たちがすべきことは，子どもたちを情報社会から切り離して，隔離して保護することではない。なぜならば，次世代を生きていく子どもたちは，情報社会の負の側面も踏まえつつ，情報手段を活用しながら「望ましい社会の創造に参画できる態度」を養い，よりよい情報社会の在り方を探究していく必要があるからである。

これからの教師に求められるのは，子どもたちの情報社会に関する知的な理解も深めながら，どのような情報社会を創っていくべきか，児童とともに議論していく場をつくっていくことである。

　これまで述べてきたように，これからの時代はグローバル化・情報化のような激しい変化の波に対応できる教師を求めている。それは，自分とは異なる他者への想像力をもち，今後の社会の在り方を子どもとともに考えていくことのできる教師である。これからの教師に求められている役割を自覚しつつ，自分自身の他者や情報とのかかわり方を振り返ってみることから取り組んでみてほしい。

§2　学校における社会体験とキャリア教育

　東京都の臨海部開発計画である「臨海副都心」地域に，2006（平成18）年10月，子どものための職業体験施設「キッザニア」がオープンした。開館当初，大勢の親子連れが来館し話題になった。さらに，関西には，2009（平成21）年3月に「キッザニア甲子園」がオープンしている。ここでは，パイロット，消防士，キャビンアテンダント，モデル，医師など，子どもに人気の職業，約70種類の体験ができる。各パビリオンでは，その職業に関連の深いの企業が実名で展示設備を提供し，リアルに職業を体験できる。スポンサーにとっては，子どもたちに企業ブランドを覚えてもらう機会になっている。最近では，英語体験のできるプログラムも用意され，幼児期から中学生ぐらいまでの子どもたちの擬似的な職業体験の場となっている。

　また，観光産業による体験活動も盛んである。みかん狩り・イチゴ狩りのような観光農業園からガラスづくり，陶芸づくり，紙すき，潮干狩り，地引き網，といった伝統・地場産業を背景としたものまでさまざまである。旅行会社は，家族連れを引きつけるために体験活動を盛り込んだ企画を次々と送り出している。エコロジー，スロー・フードブームなどもあって，

田植え，稲刈りなどを行う農林業体験ツアーや滞在型農村宿泊施設も多数
つくられるようになった。

　これらはもちろん「商品」であるので，「アトラクション」としての子
どもを引きつけ，保護者からそのサービスの対価を支払わせることで一定
の利益を確保し，利潤を追求するものであるが，こうしたさまざまな体験
を子どもにさせたいという「親」の意識が反映してともいえる。

　公立博物館・歴史博物館・図書館・美術館・郷土史館のような，これま
で社会教育施設として区分されてきた諸施設でも，「体験コーナー」を設
けるところが増えてきている。美術館での作品づくりは，もはや珍しくは
ない。水族館・動物園でも，「見せるだけの展示」から「体験できる展示」
へと変化してきている。公営施設が「指定管理者制度」という民営化の波
に洗われ，採算確保のために入場者数を増やそうとすることもこうした
「アトラクション化」を推し進めている。

　いずれにせよ，子どもたちの実生活での体験が減る一方，意図的，意識
的に「体験活動」を経験できる場を増やしている傾向にある。

1．体験活動の重視

（1）学校教育法などの改正

　文科省は，2002（平成13）年，学校教育法を改正し，小学校教育の目的
にかかわる重要条文を付け加えた。1947年の学校教育法制定以来，学校
の目的の条項を付け加えたのは，はじめてのことである。

　　第18条の2　小学校においては，前条各号に掲げる目標の達成に
　資するよう，教育指導を行うに当たり，児童の体験的な学習活動，
　特にボランティア活動など社会奉仕体験活動，自然体験活動その他
　の体験活動の充実に努めるものとする。この場合において，社会教
　育関係団体その他の関係団体及び関係機関との連携に十分配慮しな

ければならない。

（現在：第31条）

※この条文は，小学校以外にも，中学校，義務教育学校，高等学校，中等教
　育学校，特別支援学校にも準用されている。

　さらに社会教育法を改正し，教育委員会の事務として，「青少年に対し
ボランティア活動など社会奉仕体験活動，自然体験活動その他の体験活動
の機会を提供する事業の実施及びその奨励に関すること」（社会教育法第 5
条第14号）を規定した。それにかかわる国および地方公共団体の役割も盛
り込んだ（社会教育法第 3 条第 2 項）。

（2）学習指導要領のなかの「体験活動」

　こうした経験・体験の重視は，実際の学校教育のなかでも顕著である。
各学校での教育課程の基準である「学習指導要領」においても，1977（昭
和52）年告示のものから（小学校では1980〔昭和55〕年度から，中学校では
1981〔昭和56〕年度から実施），「体験活動（学習）」という言葉が登場する。
しかし，実際は活発に活動されなかった。

　平成元年版（1989年 3 月告示）の「学習指導要領」では，「自ら学ぶ意欲
と社会の変化に主体的に対応できる能力」ということで，「基礎的・基本
的な内容」の徹底や，「個性を生かす」，「体験的な活動」の重視がうちだ
された。

　その後の1998（平成10）年告示版では，「総合的な学習の時間」が登場し，
これを核として「自然体験やボランティア活動などの社会体験，観察・実
験，見学や調査，発表や討論，ものづくりや生産活動など体験的な学習，
問題解決的な学習」が行われることになった。2002年から実施された学
校完全五日制を踏まえて，土曜日の過ごし方を考えたものであった。2008
（平成20）年 3 月告示の小・中学校の学習指導要領及び幼稚園教育要領，
および2009（平成21）年 3 月告示の高等学校・特別支援学校の学習指導要
領でも，「発達の段階に応じ，集団宿泊活動，自然体験活動，職場体験活

動などを推進（特別活動等）」を改善の重要な柱としている。

さらに，2017（平成29）年3月告示の幼稚園教育要領，小・中学校学習指導要領においても「生命の有限性や自然の大切さ，挑戦や他者との協働の重要性を実感するための体験活動の充実（小中：総則），自然の中での集団宿泊体験活動や職場体験の重視（小中：特別活動等）」が改善のポイントとされている。この改訂の際，幼稚園教育要領では，新しく盛り込まれた「幼児期の終わりまでに育ってほしい姿」の中で，「社会生活との関わり」において「家族を大切にしようとする気持ちをもつとともに，地域の身近な人と触れ合う中で，人との様々な関わり方に気付き，相手の気持ちを考えて関わり，自分が役に立つ喜びを感じ，地域に親しみをもつようになる」とされた。幼児期の園内外の意図的・無意図的な体験を通してこうした姿が獲得されるように目指すことが示された。

（3）体験活動の意義

体験活動が子どもたちにとってどのような意義をもつのかについて，2013（平成25）年1月の文部科学省中教審の答申「今後の青少年の体験活動の推進について」では，次のように述べている。

まず，なぜ体験活動を行う必要があるのかについては，以下のようなポイントを上げている。

1）かつての多くの子どもたちは，成長していく過程で，様々な自然体験・社会体験を日常的に積み重ねて成長する機会に恵まれてたいが，今の子どもたちをめぐる環境は，心や体を鍛えるための負荷がかからないいわば「無重力状態」にある。

2）便利・快適・安全な現代社会においては，意識的に，目標を持って体験活動等にチャレンジする機会を創出する必要がある。

3）都市化，少子化，電子メディアの普及，地域とのつながりの希薄化の中で，これまで身近にあった遊びや体験の場や「本物」を見る機会が少なくなり，そのノウハウも継承されなくなっている。さら

　に，青少年教育施設の減少，社会教育主事の減少等により，これら
　に拍車がかかっている。
4）保護者の経済力や保護者自身の経験の多寡，学校の判断によって
　青少年の体験活動の機会に「体験格差」が生じている。
5）体験活動は人づくりの"原点"であるとの認識の下，未来の社会
　を担う全ての青少年に，人間的な成長に不可欠な体験を経験させる
　ためには，体験活動の機会を意図的・計画的に創出することが求め
　られている。

　そして，体験活動は以下のように類型化される。

＜表9-1＞　体験活動の類型

生活・文化体験活動	放課後に行われる遊びやお手伝い，野遊び，スポーツ，部活動，地域や学校における年中行事
自然体験活動	登山やキャンプ，ハイキングなどの野外活動，星空観察や動植物観察といった自然・環境にかかる学習活動
社会体験活動	ボランティア活動，職場体験活動，インターンシップ

　こうした体験活動がもたらす意義・効果を表にまとめると，以下のよう
になる。

＜表9-2＞　体験活動がもたらす意義・効果

効果・意義	内容
「社会を生き抜く力」の養成	社会で求められるコミュニケーション能力や自立心，主体性，協調性，チャレンジ精神，責任感，創造力，変化に対応する力，異なる他者と協働したりする能力などを育むためには，さまざまな体験活動が不可欠。思い通りにならない他者や状況に直面したときに，うまく対応していくことができる。海外の人々と共に自然の中で問題を解決しながら進んでいく体験をしたりすることが重要。
自然や人とのかかわり	仲間とのコミュニケーションや自分自身との対話，実社会とのかかわり等を考える契機となる。他者や生き物への配慮を含め，社会全体を考える人間を育む。

規範意識・道徳心等の育成	「思いやり」や「礼儀正しさ」など日本人が古来大切にしてきた精神性の重要性が再認識されているが，そのような道徳的価値観の涵養（かんよう）を図る上で，有効である。子どものころの体験が豊富な人ほど，規範意識・職業意識・人間関係能力・文化的な作法や教養・意欲や関心などが高い。
学力と体験活動	全国学力テでも自然体験のある児童生徒のほうが，理科や，国語・算数の主に「活用」問題の平均正答率が高い傾向がある。PISA調査（OECD生徒の学習到達度調査）においてもクラブ活動などのさまざまな学校の活動が行われているほど読解力の得点が高い。
勤労観・職業観の醸成	若年層のうつ病件数の増加や早期退職，コミュニケーション不足等の課題が深刻になっており，職業観として，「食べるため」以上のことを仕事に求めるが，まず「働く」ことの意味理解する必要がある。その際，自然体験や生活体験が有効である。
社会的・職業的自立に必要な力の育成	社会的・職業的自立に必要な力を身に付けさせるために，多様な年齢・立場の人や社会や職業にかかわるさまざまな現場を通して，自己と社会についての多様な気づきや発見を経験させることが効果的である。そのために，地域の企業などにおける職場体験活動・インターンシップは，「働くこと」の理解に向けて極めて重要である。
課題を抱える青少年への対応	ニート・引きこもりなど抱える課題の解決，未然防止のために一つのアプローチとしても有効である。不登校などの課題を抱える子どもたちに対して体験活動を取り入れた教育が重要である。いじめの問題についても，社会の変化の中で集団活動の不足などにより，人間関係をうまく作れない，規範意識が欠けている，感情を抑制できないなどが要因となっている。体験活動を通じて，人間性を育み，人間関係形成力を育成することが重要である。

　これらの体験活動は「発達段階別の体験活動」として行われる必要があるとして，図9-1のように示されている。

　図では，就学前の時期は，自然体験しか示されていないが，答申では「子どもたち同士での「群れ遊び」を通じて，自然と力加減や人の痛みを知り，思いやりが育まれる。また，遊びの中での「ひらめき」が創造力や柔軟な思考力を養うこととなる。さらに，脳機能等の発達には，乳幼児期からの，家族や地域，自然の中での豊富な刺激・体験が重要である」とされ，まさに幼稚園・保育所・認定こども園などの集団保育の必要性が指摘されている。

　さらに，小学校や中学校・高等学校では，学校生活・家庭生活で果たさ

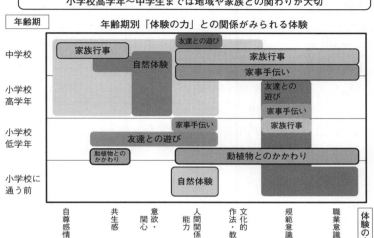

[図9-1]　発達段階別の体験活動
（独）国立青少年教育振興機構『青少年の体験活動の実態に関する調査研究』報告書（平成21年度調査）より
作成

れる部分も多いが，学習指導要領では，主として小学校では集団宿泊活動
や自然体験活動，中学校では職場体験活動，高等学校では就業やボラン
ティアにかかわる体験的な学習を行うこととなっている。

　また，現在，各学校段階の連携・接続が進められているが，子どもの体
験活動についても，連続性に留意することにより，一層効果的なものとな
る。その1つとして，キャリア教育は，各学校段階を通じた体系的・系統
的な体験活動のプログラムとして検討されることが重要と考えられる。

2. キャリア教育

　体験活動は，それ自体で十分意義深いのであるが，各学校における教科
やほかの教育活動との系統性・一体性，さらには，学校段階での連続性が
重要である。たとえば，中学校以上の段階において行われる「進路指導」

が，単に進学先や就職先を見つけるということではなく，「学校教育と職業生活の円滑な接続を図るため，望ましい職業観・勤労観及び職業に関する知識や技能を身に付けさせるとともに，自己の個性を理解し，主体的に進路を選択する能力・態度を育てる教育（キャリア教育）を発達段階に応じて実施する必要がある」ということで「キャリア教育」への移行を公式に提唱した（文部科学省中央教育審議会「初等中等教育と高等教育との接続の改善について（答申）」1999〔平成11〕年12月）。

　2011（平成23）年1月の中央教育審議会「今後の学校におけるキャリア教育・職業教育の在り方について」（答申）では，以下のように定義されている。

　　　　人が，生涯の中で様々な役割を果たす過程で，自らの役割の価値や自分と役割との関係を見いだしていく連なりや積み重ねが，「キャリア」の意味するところである。このキャリアは，ある年齢に達すると自然に獲得されるものではなく，子ども・若者の発達の段階や発達課題の達成と深くかかわりながら段階を追って発達していくものである。また，その発達を促すには，外部からの組織的・体系的な働きかけが不可欠であり，学較教育では，社会人・職業人として自立していくために必要な基盤となる能力や態度を育成することを通じて，一人一人の発達を促していくことが必要である。

　このような，一人ひとりの社会的・職業的自立に向け，必要な基盤となる能力や態度を育てることを通して，キャリア発達を促す教育が「キャリア教育」である。

　こうしたキャリア教育は，特定の活動や指導方法に限定されずに，さまざまな教育活動を通して実践される。また，変化する社会と学校教育との関係性をとくに意識し，実施に当たっては，社会や職業にかかわるさまざまな現場における体験的な学習活動の機会を通して行われる。

　今日，キャリア教育の必要性や意義の理解は，学校教育の中で高まって

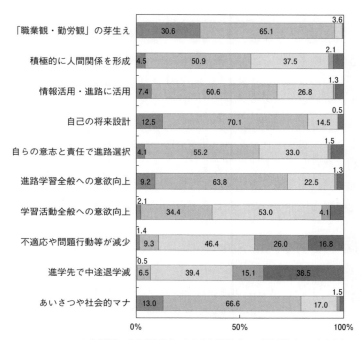

［図9-2］　職場体験活動の効果

資料：国立教育政策研究所　生徒指導研究センター「職場体験・インターンシップ現状把握調査」（平成16年）

きており，実践の成果も徐々に上がっている。2009年の調査では，94％以上の公立中学校で職場体験を実施している。なかでも第2学年がもっとも多く，実施期間が，2〜3日間が約60％，5日間は20％である。教育課程上の位置づけとしては，「総合的な学習の時間」において，原則全員が参加することになっている学校が85％以上となっている。

　中学校の実施する側の課題としては，「受け入れ先の開拓や連絡」が73％，「体験時間・日数の確保」が40％（複数回答），「教職員の負担」が28％となっており，まだまだ課題が多い。

　実施している中学校側の感じている「職場体験活動の効果」（図9-2）のようになっている。

　しかしながら，「新しい教育活動を指すものではない」としてきたことにより，従来の教育活動のままでよいと誤解されたり，「体験活動が重要」という側面のみをとらえて，職場体験活動の実施をもってキャリア教育を行ったものとみなしたりする傾向が指摘されるなど，一人ひとりの教員の受け止め方や実践の内容・水準に，ばらつきがあることも課題としてうかがえる。

　ちなみに，誤解されやすいのだが，キャリア教育は「職業教育」ではない。職業教育は「職業に従事するに当たって，それぞれに必要な専門性や専門的な知識・技能を身に付けることが不可欠であり，そのような一定又は特定の職業に従事するために必要な知識，技能，能力や態度を育てる教育」である。

　最後に，中学校の職場体験の老舗ともいえる，兵庫県の「トライやる・ウィーク」を紹介する。1998年から県内の中学2年生を対象として実施しているが，「ボランティア元年」ともいわれた1995年の阪神淡路大震災や，さらには，1997年の神戸連続幼児殺傷事件の犯人として中学生が逮捕されたことをきっかけに「心の教育」に取り組む方向が出された。そこでは，「従来のように結論を教え込むのではなく，活動や体験を通して，子どもたち一人一人が自分なりの生き方を見つけられるよう支援していく教育にシフトしていくことの重要性が指摘され，（中略）中学生の長期体験学習の導入が提唱された」（平成29年度　地域に学ぶ「トライやる・ウィーク」指導の手引　兵庫県教育委員会）のである。

【地域に学ぶ「トライやる・ウィーク」（兵庫県教育委員会の取組）】

兵庫県では，「心の教育」の充実を図ることの大切さを認識し，地域に学び，共に生きる心や感謝の心を育み，「生きる力」の育成を図っていくため，中学2年生全員を対象に，地域や自然の中で1週間の体験活動を実施している。活動は，農林水産体験活動や職場体験活動，文化・芸術創作体験活動，ボランティア・福祉体験活動など，生徒の興味・関心に応じて行われている。この事業では，学校・家庭・

地域の連携を不可欠な要素としており，中学校区で学校長，PTA，地域団体代表等で組織した推進委員会を設け，学校が調査した生徒の希望に応える受入れ先や指導ボランティアの確保を行っている。

（出所：中教審答申「今後の青少年の体験活動の推進について」）

3．社会体験とキャリア教育の意義と課題

　生活の都市化により，子どもたちの自然体験が都市のみならず，農村，中山間地域でも減少している。さらに，情報化の進展による遊びや活動の変化や，少子化による地域子ども集団の縮小・消滅により，子どもたちが人間関係を基盤とするさまざまな体験をする機会が減っている。

　職業や労働とのふれあいも，一部の自営業を除いて，職住分離が進み，乏しくなっている。さらには，製造業を中心としてグローバル展開が進み，家具や衣服，食物までもが，海外から輸入されたものを消費することも珍しくない。自分たちが生きるに欠かせないさまざまなものが，どこで，誰が，どのように作っているのか，子どもたちの目からは，まったく見えない状態となっている。

　こうしたなか，学校教育からの要請だけでなく，社会的な要請としても，さまざまな「体験」について，学校をはじめとする大人の側が準備せざるをえない状況にある。今後，社会の変化の急速な展開に伴って，ますます重要になる課題である。

　そうした意味で，教師の側は，どのような体験を子どもたちにしてほしいのか，さらには体験によって身につけてほしいものについて十分に検討する必要がある。

【引用文献】
1）中央教育審議会「幼稚園，小学校，中学校，高等学校及び特別支援学校の学習指導要領等の改善及び必要な方策等について（答申）」文部科学

省，2016

2）グローバル人材育成推進会議「グローバル人材育成戦略」首相官邸，2012

3）文部科学省『小学校学習指導要領解説　外国語活動編』2017，文部科学省『小学校学習指導要領解説　外国語編』2017

4）中央教育審議会「チームとしての学校の在り方と今後の改善方策について（答申）」文部科学省，2015

5）小学校段階における論理的思考力や創造性，問題解決能力等の育成とプログラミング教育に関する有識者会議「小学校段階におけるプログラミング教育の在り方について（議論の取りまとめ）」文部科学省，2016

6）社団法人日本教育工学振興会『文部科学省委託事業　すべての先生のための「情報モラル」指導実践キックオフガイド』2007

【参考文献】

1）荒牧重人・榎井緑・江原裕美・小島祥美・志水宏吉・南野奈津子・宮島喬・山野良一編『外国人の子ども白書』明石書店，2017

2）日本教育工学会監修，稲垣忠・中橋雄編著『情報教育・情報モラル教育（教育工学選書Ⅱ第8巻）』ミネルヴァ書房，2017

3）鳥飼玖美子『国際共通語としての英語』講談社現代新書，2011

4）文部科学省『小学校外国語活動・外国語　研修ガイドブック』2017

5）天野正治・村田翼夫編『多文化共生社会と教育』玉川大学出版部，2001

6）中央教育審議会（答申）「今後の学校におけるキャリア教育・職業教育の在り方について」（平成23年1月）2011年／「今後の青少年の体験活動の推進について」（平成25年1月）2013年（文部科学省ホームページ）

7）兵庫県教育委員会「平成29年度地域に学ぶ「トライやる・ウィーク」指導の手引」（兵庫県教育委員会ホームページ）

第4部

教師を目指すために

　自己形成ということは，自分のまわりをよくしていくという営みのなかにあるのではないだろうか。まわりの状況とはかかわりなく自分の人格形成ということを考えてみても，それは不可能であろう。

　では，教師を目指すみなさんにとって，このまわりとはいったい何か。目の前にいる子どもたち，教える教科，教育の技術や人間関係などであるかもしれない。自分が変わりまわりが変わる。まわりを変え自分も変わるのである。変革の可能性に対する信頼が教育の未来を築くことになる。教師をめぐる法律，教職の専門性と研修等のことを学びながら教師を目指す自分をさらに高めていこう。

第10章 教師をめぐる法律

§1 教師と法律の関係

1．教育に関する法令

　学校教育法の第1条に示された種類の学校は，「一条校」とよばれ，日本の学校制度の中心となる学校である。「幼稚園，小学校，中学校，義務教育学校，高等学校，中等教育学校，特別支援学校，大学及び高等専門学校」である。ここには，いわゆる専門学校（専修学校専門課程）は含まれていない（学校教育法第124〜133条に記載）。

　中等教育学校は，中高一貫教育を一つの学校（一人の校長と教員組織）として行い，全国で57校（2022年現在）設置されている。有名私立学校の進学校で多いのが「併設型」と呼ばれるタイプで，同じ学校設置者（学校を設置する母体，私立学校は学校法人，国公立はそれぞれ国，都道府県，市区町村である。株式会社立など例外的なものもある）が，中学校と高等学校を形式的には，それぞれの学校として設置するタイプである。

　義務教育学校は，2016（平成28）年4月からスタートした新しいタイプの学校である。小中一貫教育を一つの学校で行い，全国で178校（2022年

現在）設置され，１校を除いて国公立である。「併設型」の小中一貫教育
を行う小学校・中学校は，866校（内私立18校）である。義務教育学校は，
教育課程において６・３制の区切りを必要に応じて４・３・２年の区切り
に変えることなど，教育課程上の特例を行うことができるという特徴を
もっている。比較的に，人口減少地域において学校統廃合を行う際に義務
教育学校になることが多い。ここでは，小中両方の免許を有することが教
員に求められている。

　また，新しい大学の種類として，2019年４月から「専門職大学」及び
「専門職短期大学」がスタートする。

<表10-1>　日本の学校の概要

	学校数（うち私立）	本務教員数（うち女性）
幼稚園	9,111（6,152）	87,752（81,961）
幼保連携型認定こども園	6,657（5,744）	136,543（129,405）
小学校	19,161（243）	423,440（264,376）
中学校	10,012（780）	247,348（109,547）
義務教育学校	178（1）	6,368（3,416）
高等学校	4,824（1,320）	224,734（74,420）
中等教育学校	57（18）	2,749（952）
特別支援学校	1,171（15）	86,816（32,466）

（文部科学省「文部科学統計要覧（令和５年版）」より作成）

　上の表からわかるように，幼稚園や幼保連携型認定こども園は，私立が
多い。また，教員も女性が多い。私立学校の教員は，一般の民間企業の会
社員と同じ身分にある。しかし，小学校以上の学校は，国公立（ほとんど
公立）が多い。したがって，大多数の教員は，公立の学校に勤める地方公
務員である。仕事の内容としての教育活動は同じであるが，社会的な位置
づけ（身分）が異なる。なお，国立大学は，2004（平成16）年からそれぞ
れの国立大学法人が経営する大学となったので，身分としては国家公務員
から私立大学と同じく民間企業の従業員となった。

　国公立学校で勤務する教員は，「教育公務員」としての身分を有する。

その身分については，日本国憲法や国家公務員法・地方公務員法・教育公務員特例法などの法令によって規定されている。したがって，公務員である限り，基本的には法令に基づいて職務を執り行う。たとえば，公務員である警察官が，勝手にその職権を解釈したり，濫用できないように，教師といえども法令に則って職務を行う。

　そこで，教育に関する法令を熟知しなければならない。たとえば，学校教育法では，小学校について本書の第 6 章で見たように定められている。

　当然こうした目的・目標は，小学校に勤務するすべての教職員によって熟知されるべき内容である（私立学校にもこの条文は適用される）。さらには，小学校以外にも学校教育法によって各種の学校の目的と目標が規定されている。幼稚園（第22・23条・23条①〜⑤），中学校（第45・46条），義務教育学校（第49条の 2 ・49条の 3 ），高等学校（第50・51条①〜③），中等教育学校（第63・64条・64条①〜③），特別支援学校（第72・73条）などである。

　さらに，学校にはさまざまの職種の教員がいる。校長，教頭，教諭など

<表10-2>　学校（幼稚園）に置かれる職名と職務内容

職名	職務内容
校長（園長）	校務（園務）をつかさどり，所属職員を監督する。
副校長（副園長）	校長（園長）を助け，命を受けて校務（園務）をつかさどる。
教頭	校長（園長）を助け，校務（園務）を整理し，および必要に応じ児童（幼児）の教育（保育）をつかさどる。
主幹教諭	校長（園長）および教頭を助け，命を受けて校務（園務）の一部を整理し，ならびに児童（幼児）の教育（保育）をつかさどる。
指導教諭	児童（幼児）の教育（保育）をつかさどり，ならびに教諭その他の職員に対して，教育指導（保育）の改善及び充実のために必要な指導および助言を行う。
教諭	児童（幼児）の教育（保育）をつかさどる。
養護教諭	児童の養護をつかさどる。
栄養教諭	児童の栄養の指導及び管理をつかさどる。
事務職員	事務をつかさどる。
助教諭	教諭の職務を助ける。
講師	教諭または助教諭に準ずる職務に従事する。
養護助教諭	養護教諭の職務を助ける。

であるが，それぞれの職種の職務内容をまとめると表10-2になる。

　このうち例外もあるが原則として幼稚園では，園長，教頭および教諭を必ず置かなければならず，小学校以上の学校においては，校長，教頭，教諭，養護教諭および事務職員を置かなければならない。

　これらの内，副校長・主幹教諭・指導教諭などの職は，2007（平成19）年の学校教育法改正によって新たに加えられた職である。任意設置として，その職を置かない場合もある。ちなみに，主幹教諭は，2018（平成30）年4月現在で，47都道府県・20指定都市教育委員会のうち，57の教育委員会において，約2万人が配置されている。

　これらの職のほかに，2015（平成27）年12月の中教審（中央教育審議会）答申「チームとしての学校の在り方と今後の改善方策について」の中で，提唱されていた新たな職が，教員の多忙解消の後押しを受けて学校教育法施行規則（省令）に位置づけられた。すでに制度化されていたスクールカウンセラー，スクールソーシャルワーカー，特別支援教育支援員に加えて，医療的ケア看護職員（第65条の2），情報通信技術支援員（ICT支援員）（第65条の5），教員業務支援員（第65条の7），部活動指導員（第78条の2）である。

2. 教師の教育活動

　では，こうした教諭職を中心とする教師が，教育活動を遂行する場合，どのようなことが起こるのだろうか。教育は「目の前の子どもたち」を相手にして行われるのであり，そのときどき，ケース・バイ・ケースで臨機応変に対応していく必要がある。公務員であっても，一般職とはかなり様子が異なってくる。

　教師の活動をどのようなものとして位置づけるのかについて，日本の場合，明治期の『小学校教員心得』（1881〔明治14〕年）から，教師を国家機関の一部とする考え方が長く存在し，そうした戦前の教育の反省に立った戦後の教育改革によって，こうした考えが全面的に払拭されたはずであっ

たが，かならずしもそうではなかった。

　ここに，教育活動における教師の裁量の範囲である「教師の教育の自由」をどの程度認めるのかという問題が生じてくる。「教育の条理」（教育活動という「活動の性質」に即して，当然こうあるべきだろうというイメージに基づいて認められるものの考え方）という考えもあれば，そうしたものは基本的には認められないという考えもある。

　現在，「教師は専門職である」という専門性に根ざした考え方が，主流であるから，一定程度の独自の創意工夫が必要とされる職だといえる。当然そこには，自由が認められる範囲が存在することは確かである。その限界はどこにあるのかという，線を引くのは困難な作業である。

　教育活動は，定型化されない裁量労働ではあるが，自己の恣意的な考えや解釈に固執して業務たる教育活動を行うのは認められない。これは私立学校にあっても同様である。どのような教育活動を行うのかということについては，教師自らが自覚的に検討しなければならないのである。

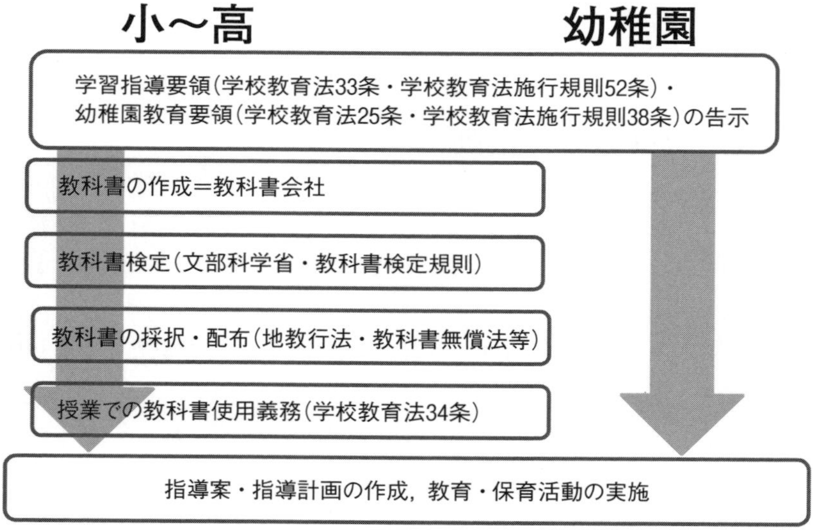

小〜高　　　　　　　　幼稚園

学習指導要領（学校教育法33条・学校教育法施行規則52条）・
幼稚園教育要領（学校教育法25条・学校教育法施行規則38条）の告示

教科書の作成＝教科書会社

教科書検定（文部科学省・教科書検定規則）

教科書の採択・配布（地教行法・教科書無償法等）

授業での教科書使用義務（学校教育法34条）

指導案・指導計画の作成，教育・保育活動の実施

[図10-1]　例：学習指導要領と教育活動の法令上の関係

この点について，1966（昭和41）年には，ILO（国際労働機構）・ユネスコの共同勧告「教員の地位に関する勧告」が出されている。そこでは，「教育の仕事は専門職とみなされるべきである。この職業は厳しい，継続的な研究を経て獲得され，維持される専門的知識および特別な技術を教員に要求する公共的業務の一種である」（同勧告第3節「指導的原則」から）と規定され，「すべての教員は，専門職としての地位が教員自身に大きくかかっていることを認識し，そのすべての専門職活動のなかで最高の水準を達成するよう努力しなければならない」（同勧告70条）としている。このような専門職であることを強調する考えは，「教師専門職論」とよばれ，それまでの「教師聖職論」「教育労働者論」などの教師の位置づけに関する議論に一定の結論を出すものであった。

　私立学校の教員の場合は，学校設置者たる学校法人との間で，民法上の雇用契約（労働契約）が結ばれている。これは，一般の企業と同様に，労働基本法等によって管理・保護された身分を有するが，就業規則などにおいて，教育公務員に準じた規定を置く場合が多い。

　そこで2006（平成18）年12月22日に改正された「教育基本法」を参照すると，以下のような条文がある。

（学校教育）

　　第6条　法律に定める学校は，公の性質を有するものであって，国，地方公共団体及び法律に定める法人のみが，これを設置することができる。

　　2　前項の学校においては，教育の目標が達成されるよう，教育を受ける者の心身の発達に応じて，体系的な教育が組織的に行われなければならない。この場合において，教育を受ける者が，学校生活を営む上で必要な規律を重んずるとともに，自ら進んで学習に取り組む意欲を高めることを重視して行われなければならない。

（私立学校）

　　第8条　私立学校の有する公の性質及び学校教育において果たす重

要な役割にかんがみ，国及び地方公共団体は，その自主性を尊重しつつ，助成その他の適当な方法によって私立学校教育の振興に努めなければならない。

（教員）

第9条　法律に定める学校の教員は，自己の崇高な使命を深く自覚し，絶えず研究と修養に励み，その職責の遂行に努めなければならない。

2　前項の教員については，その使命と職責の重要性にかんがみ，その身分は尊重され，待遇の適正が期せられるとともに，養成と研修の充実が図られなければならない。

この改正によって，上記の第8条は新設され，私学（私立学校・私立幼稚園）の地位は高まったといえるが，私学の教師について身分や待遇の向上を進めるためのさらなる法整備は必要だろう。

保育分野での保育士不足も近年深刻な問題となっているが，私立幼稚園の勤続年数の短さも大きな問題である。改正教育基本法も「第11条（幼児期の教育）幼児期の教育は，生涯にわたる人格形成の基礎を培う重要なものであることにかんがみ，国及び地方公共団体は，幼児の健やかな成長に資する良好な環境の整備その他適当な方法によって，その振興に努めなければならない」として，幼稚園の教育条件整備に対する国・地方公共団体の努力を求めている。

＜表10-3＞　設置者別本務教員の平均勤務年数（2022年）

	幼稚園	幼保連携型認定こども園
国立	16.3年	－
公立	14.0年	7.8年
私立	10.9年	5.0年

（文部科学省「学校教員統計調査　令和4年度（中間報告）結果の概要」から）

§2　教育職員免許法と　教員養成の改革

1．教育職員免許法

　教師の専門性を支える資格は，免許状であり，教育職員免許法によって規定されている。日本では厳格な「免許主義」がとられ，それぞれ学校種（中等教育学校・義務教育学校・幼保連携型認定こども園を除く）に対応した免許を持たないものは教諭や校長になれない。義務教育学校については，小・中の，中等教育学校については，中・高両免保有が必要である（経過措置あり）。

　近年，学校経営に民間企業での経験を生かす目的で，免許を持たないものも校長などの職に採用できるようになった。また，特別な技能経験を持つ人に教科の教育にあたってもらう目的で，「特別非常勤講師」として採用することができる。

　現在の免許制度は，戦後の6・3制の学校制度の発足と同時にスタート

＜表10-4＞　免許状の種類と性格

種類	有効期間	有効範囲	内容
普通免許状	なし	全国	教諭，養護教諭，栄養教諭の免許状。基礎資格によって専修，一種，二種（高等学校は二種がない）の区分。
臨時免許状	3年（6年への延長可となる場合もある）	授与を受けた都道府県	助教諭，養護助教諭の免許状。普通免許状を有する者を採用することができない場合に限り，都道府県教育委員会が実施する教育職員検定を経て授与。
特別免許状	なし	授与を受けた都道府県	教諭の免許状。社会的経験を有する者に，教育職員検定を経て授与。任命又は雇用しようとする者（学校設置者）の推薦が必要。幼稚園教諭にはない。小学校教諭については教科ごとに授与。特別活動など教科外活動を担任可能。

した。戦前は，教員免許令（1900〔明治33〕年）により，師範学校での小学校教員，高等師範学校での中等学校（中学校，高等女学校）教員の養成という制度であった。教員養成を専門とする学校で独占的に教員養成が行われ，教師の知見を狭めたといわれている。また，師範学校は，中等教育段階（現在でいえば高等学校）であり，小学校教員の社会的地位もそれほど高くなかった。

　戦後は，高等教育段階である大学における教員養成を原則とし，さらに免許状授与を一般大学でも可能とする開放制とした。この開放制は，免許状授与の基礎資格として，大学（短大を含む）の卒業をあて，さらに教職課程で資格認定に必要な単位を修得することを定めた。さらに，戦前は不備だった，特別支援学校（2007年以前は盲・聾・養護学校）も含めて免許制度を確立した。

2．教員養成制度改革と教員免許

　教員養成制度については，改革が相次いでいる。1998（平成10）年の教育職員免許法の改正は，大学の教職課程において生徒指導・教科指導などの児童生徒へ直接かかわる部分の学習を重視し，教職への愛着・誇り・一体感を形成する科目である「教職の意義等に関する科目」が必修科目（2単位）とされた。中学校での教育実習も4週間へと延長された。

　1998年大学入学者から，小学校および中学校の教諭の普通免許状を取得しようとする者に対して「個人の尊厳及び社会連帯の理念に関する認識を深めることの重要性」から，障害者，高齢者などに対する介護，介助，これらの方々の交流等の体験を目的として「介護等体験」を義務づけた。特別支援学校ならびに保育所を除く社会福祉施設で，体験活動を7日間，行うこととした。

　また，2001（平成13）年の学校教育法の改正によって，小学校・中学校・高等学校では，「ボランティア活動など社会奉仕体験活動，自然体験活動」などの充実に努めることが求められるようになった。これを受けて，

大学在学中に同種の体験活動を奨励するための適切なカリキュラム上の配慮が求められるようになった。

　そして現在，2015（平成27）年７月の中教審答申教員養成部会「これからの学校教育を担う教員の資質能力の向上について（中間まとめ）」に対応する教員養成改革が進んでいる。学校インターンシップの導入（教職課程への位置づけ）や，教職課程を統括する組織の設置，教職課程の評価の推進，教職課程担当教員の資質能力向上等，教科に関する科目の充実を柱としている。ここ数年の動向は，注視しなければならない。

　教員の研修については，初任者研修制度が，1988年に導入された。また，2002年には「十年経験者研修」が義務化された。これは2016年の法改正によって，「中堅教諭等資質向上研修」となり実施時期の弾力化が可能になった。

　一方，2001（平成13）年には，公立学校の「指導の不適切な教員」に対して「指導改善研修」を受けさせ，それでも改善が望めない場合，教育部門以外のほかの部署への配置転換を可能にする「地方教育行政の組織及び運営に関する法律（地教行法）の一部を改正する法律」が可決成立した。

　これまで採用試験に合格し，一度教員として任用（採用）されたものは，不祥事を起こしたり，病気などで勤務に耐えなかったり，勤務状態が不良でない限り，定年まで教員として勤務することができた。ところが，1990年代以降，学校での「いじめ」「学級崩壊」などの「新しい荒れ」が大きく問題となるにつれ，その一因として，子どもたちの変化のほかに，学校・教員の「不適切な指導」や「指導力不足」があげられ，教師の指導力が厳しく問われるようになってきた。

　なお，2009（平成21）年から「その時々で教員として必要な資質能力が保持されるよう，定期的に最新の知識技能を身に付けることで，教員が自信と誇りを持って教壇に立ち，社会の尊敬と信頼を得ることを目指す」ことを目的として実施されていた，10年に１度の30時間の受講を義務づける教員免許更新制は，2022（令和４）年７月から発展的に解消された。

　他方で，2017（平成29）年11月には大学等での教員養成において，教職

課程を編成するに当たり参照すべき指針として「教職コアカリキュラム」が策定された。また，同年4月から，都道府県教委が主宰し，大学も参加する協議会において作成され，養成，採用，研修を見通した「校長及び教員としての資質の向上に関する指標」（教員育成指標）を作成することが定められた（教育公務員特例法第22条の2，第22条の3）。教員像を統制していく方向での改革である。

§3　教師の身分と服務義務

1．教師の身分

　さて，教師としての社会的責任に応えていくかぎり，教師はその身分が尊重され，保障される。逆にいえば，絶えず良好な状態での勤務が求められる職である。良好な状態と認められない場合，いわゆる処分を受ける。その際，事由（理由）が示される。重大な交通違反や刑事事件で起訴され裁判の対象となるような，法令違反や過失など明白な事実がある場合，「懲戒処分」を受ける。また，性行不良や病気によって勤務に耐えないような場合，「分限処分」を受ける。こうしたケースについては，学校設置者によって規定が存在する。

　要は，その責任を十分に果たすことができない状態であれば，その意に反しても，免職，降任，休職，降給などの不利益な身分上の変動を伴う処分を受け，その責任を問われてもやむをえない。その反面，責任を十分に果たしている場合は，その意に反して不利益な処分を受けることはない，ということである。

2．教師の服務義務

　それゆえに，教師はその職責の遂行において，そのために守るべき規律が存在する。これを「服務」という。私立学校の場合，各学校を設置している学校法人が服務規程や就業規則をつくり所属している教師に示している。公立学校の教師の場合，法令によって定められている。次のようなものである。

<表10-5>　教員の服務義務の種類

種　類	内　容	根拠法令
根本基準	服務の根本基準	地方公務員法第30条
職務上の義務	服務の宣誓	地方公務員法第31条
	法令及び上司の職上の命令に従う義務	地方公務員法第32条・地方教育行政法第43条2項
	職務専念義務	地方公務員法第35条
身分上の義務	信用失墜行為の禁止	地方公務員法第33条
	秘密を守る義務	地方公務員法第34条
	政治的行為の制限	地方公務員法第36条・教育公務員特例法第18条
	争議行為の禁止	地方公務員法第37条・地方教育行政法第47条
	営利企業への従事制限	地方公務員法第38条・教育公務員特例法第17条

　これらの義務については，ほとんどが一般の地方公務員と同じであるが，異なるところを指摘しておこう。

　まず，「政治的行為の禁止」であるが，一般の地方公務員よりも，制限された政治的行為の範囲が広く，制限される地域も限定されず全国におよぶ。公立学校の教師は，地方公務員でありながらも，国家公務員と同様の制限を受けるのである。一方，「営利企業等への従事制限」については，「教育公務員は，教育に関する他の職を兼ね，又は教育に関する他の事業若しくは事務に従事することが本務の遂行に支障がないと任命権者において認める場合には，給与を受け，又は受けないで，その職を兼ね，又はそ

の事業若しくは事務に従事することができる」（教育公務員特例法第17条）とされている。もちろん利益そのものを目的として兼業・兼職（たとえば，学習塾等の仕事に就く）することはできない。教師のもつ専門的知識・知見を広く社会において活用する（たとえば，審議会の委員となる，ほかの教育機関で授業をする）ために，こうした特例が設けられているのである。

§4　教師にかかわるその他の法律

　このほか，教師という職業を理解するために必要な法令をあげておこう。ここでは，公立学校の教師を基準に述べるが，労働基準法のように公私にかかわらず適用される（地方公務員法に定めのない場合）ものも多い。

1．給　　与

　まず，給与であるが，各自治体の条例に基づいて規定されている。公立の義務教育諸学校の教師については，都道府県が定めている。基本給や諸手当は，規定された算定方法に基づいて給与表がつくられている。教職独特なものは，「教職調整額」である。これは，教職の特殊性から，時間外勤務手当や休日勤務手当を支給しない代わりに，支給額の 4 ％程度を上積みして支給するものである。

2．勤務時間

　日本の教員の労働時間の長さは，2018年にOECDのTALIS（国際教員指導環境調査）によっても明らかになった。例えば，中学校教員は週56.0時間で

あった。本来であれば公立学校の場合，一日7時間45分，5日が原則の勤務時間（週38.75時間）である。

　文部科学省による2016（平成28）年度の調査でも，残業が「過労死ライン」（月80時間）に達する教諭が中学校で57.7％，小学校で33.4％におよぶということで教員の長時間労働の解消は急務になっていた。このため2019（令和元）年に給特法（公立の義務教育諸学校等の教育職員の給与等に関する特別措置法）を改正し，教員の残業時間を「月45時間，年間360時間」とする上限規制を定めた。さらに，2023（令和5）年4月から「1年単位の変形労働時間制」が導入された。これは学校行事が多い「繁忙期」（4，6，10，11月）に勤務時間の上限を延ばす代わり，その延長分を「閑散期」（児童・生徒の夏休み期間中など）に回して休みをまとめ取りできるようにすることをねらいとするものである。今のところ導入は，約1割の都道府県・政令市のみとなっている（2023年11月現在）。

3．出産・育児休暇（休業）

　出産や育児による休暇・休業も認められている。これも，労働基準法によって産前産後の休業として，出産予定の6週間前（多胎の場合は14週間）から，産後の8週間まで休業できる。女性特有の休暇として生理休暇がある。

　また，「地方公務員の育児休業等に関する法律」によって，子を養育するため，子どもが3歳に達する日まで「育児休業」することができる。ただし，育児休業期間中は給与が支給されないが，休業前の給与の40％が育児休業手当として支給される。また，子どもが小学校に入学するまで，病気などによって看護が必要になった場合，休暇を申請することができる。これは，男性・女性双方が取ることができる。

　本章でも再三触れたように，その職務内容や実現するべき目的・目標は共通であるにもかかわらず，公務員として勤務する教師と私立学校の教師には，まだ違いがある。国立大学の法人化のように，これまでの公私・官

民の垣根は徐々に取り払われようとしている。民間委託や公設民営も学校経営のなかで登場している。さらには教員の非正規化も急速に進展している。そうしたなかで，教師の待遇や服務についての統一的な基準が必要となっている。

【参考文献】

1）尾崎ムゲン『日本の教育改革－産業化社会を育てた130年－』中央公論新社，1999
2）文部科学省「学校基本調査」平成28年度
3）窪田眞二・小川友次『教育法規便覧　平成27年版』学陽書房，2015
4）『地方自治総合講座　5　地方公務員制度』ぎょうせい，1999

第11章　教育改革と これからの教師

§1　臨教審の発足と 教育制度改革

1．臨教審の任命の背景

　1984（昭和59）年9月に発足した臨時教育審議会（以下，臨教審）は，1987（昭和62）年8月までに四次にわたる答申を行った。これらの答申，いわゆる臨教審答申は，「個性化」「自由化」「生涯学習化」など，いくつかの側面から今日における教育改革の源流と考えられている。

　近代学校制度が導入された明治期から臨教審の時代にいたるまで，多少の振幅はあれども，日本の教育制度は，少なくとも数量的には膨張を続けてきた。国民皆学をうたい，全国民を対象とする教育制度の成立と展開は，押し並べて，行政的には国家による教育の組織化および統制化の，財政的には国家から地方に対する支援の拡大の過程であった。

　戦後においては，「民主的」な教育改革の時期を経た後，1956（昭和31）年の「地方教育行政の組織及び運営に関する法律」（以下「地教行法」）の公布や，1958（昭和33）年の学習指導要領の告示化，義務教育の国家負担に関する諸法の成立により，教育行政の中央集権化と国家による教育の行

政的財政的統制は進行した。もちろん，これは1950年代以後の保守権力の安定に対応した動向である。

　しかし，1970年代において，経済成長の行き詰まりや国民のニーズおよび関心の多様化などから保守権力が動揺するにいたり，既存の教育制度は，その画一性硬直性が問題視されるようになる。具体的には，教育荒廃（いじめ・登校拒否・校内暴力・非行など）への対処，学歴偏重・学校教育の画一化の是正，国際化および情報化への対応などが教育改革における喫緊の課題とされた。

　それゆえに，1970年代後半における学習指導要領では，要領の大綱化が図られるとともに，学校の自由裁量の範囲拡大，人間性豊かな児童生徒の育成，ゆとりある学校生活の保障，児童生徒の個性や能力に応じた教育の提供などが告示されたのである。ともあれ，この時期，顕在化する戦後教育のひずみに対して，総合的な教育改革への提言が求められていた。

　他方で，1970年代のオイルショックなどを経て1980年代に入ると，それまでの「大きな政府」路線は修正をよぎなくされ，国内経済では新自由主義が標榜された。そこでは，政府による経済的規制を緩和ないし撤廃し，経済活動を市場の自主的秩序にゆだねて競争を活性化して，経済成長を促進および達成させることが基本方針とされた。

　中曽根康弘内閣総理大臣（在職1982-1987年）における電電公社や国鉄の民営化などの「行政改革」が，この時期における新自由主義の具体化といえる。そして，こうした行財政改革は，教育分野には臨教審の設置というかたちであらわれた。すなわち，文部大臣の諮問機関である中央教育審議会（以下，中教審）とは別に，国策として教育改革に着手すべく，総理府直下に内閣総理大臣の諮問機関として臨教審が設置されたのである。

2．臨教審答申の概要

　臨教審は，1984年8月に公布施行された臨時教育審議会設置法を根拠とする。3年の時限が定められた同法において，臨教審の目的は，およそ，

社会の変化および文化の発展に対応した教育の実現が求められる現状を踏まえて，教育基本法の精神を実現すべく教育改革をはかり，同法の目的の達成に資することである（第1条）。

　また，その具体的な所掌事務は，教育および関連分野の諸施策について，「広く，かつ，総合的に検討を加え，必要な改革を図るための方策に関する基本的事項について調査審議する」ことであった（第2条）。また，臨教審は，内閣総理大臣が任命する25人以下の委員から構成され（第4，5条），運営委員会と四部会により具体的な審議が行われた。それぞれの審議事項は，「二十一世紀を展望した教育の在り方」（第一部会），「社会の教育諸機能の活性化」（第二部会），「初等中等教育の改革」（第三部会），「高等教育の改革」（第四部会）である。

　臨教審は，1985（昭和60）年6月に第一次答申，1986年4月に第二次答申，1987年4月に第三次答申，同年8月に第四次答申を行い，活動を終えた。

　第一次答申は，教育改革の基本方向と審議会の主要課題を検討したものである。当面の具体的改革について，①学歴社会の弊害の是正，②大学入学者選抜制度の改革，③大学入学資格の自由化・弾力化，④6年制中等学校の設置，⑤単位制高等学校の設置が提言された。

　第二次答申は，教育改革の全体像を明示している。その具体的提言は，①生涯学習体系への移行，②初等中等教育の改革（徳育の充実，基礎・基本の徹底，学習指導要領の大綱化，初任者研修制度の導入，教員免許制度の弾力化），③高等教育の改革（大学教育の充実と個性化のための大学設置基準の大綱化・簡素化等，高等教育機関の多様化と連携，大学院の飛躍的充実と改革，ユニバーシティ・カウンシルの創設），④教育行財政の改革（国の基準・認可制度の見直し，教育長の任期制・専任制の導入など教育委員会の活性化）などである。

　第三次答申は，第二次答申で残された重要課題を対象とする。具体的には，生涯学習体系への移行のための基盤整備，教科書制度の改革，高校入試の改善，高等教育機関の組織・運営の改革，スポーツと教育，教育費・

教育財政の在り方などが提言された。

　第四次答申は，最終答申である。そこでは，文部省の機構改革（生涯学習を担当する部局の設置等），秋季入学制が提言されるとともに，これまでの三次にわたる答申が総括され，改革を進める視点が以下の3点に集約された。

　第一は，個性重視の原則である。これは，画一性，硬直性，閉鎖性を打破して，個人の尊厳，自由・規律，自己責任の原則を確立することを意味する。

　第二は，生涯学習体系への移行である。そこでは，学校を中心とする教育の考え方を改め，生涯学習体系への移行を主軸とする教育体系の総合的再編成が図られる。すなわち，学校教育の自己完結的な考え方から脱却し，人間の評価が形式的な学歴に偏っている状況を変革すること，また，学習が，学校教育の基盤の上に各人の責任において自由に選択され，生涯を通じて行われることが展望された。

　第三は，変化への対応である。とりわけ，教育が直面する最も重要な課題として，国際化ならびに情報化への対応が挙げられた。

3．臨教審答申を受けた教育制度改革

　第一次答申提出直後，政府は，臨教審答申を「最大限尊重し，速やかに所要の施策を実施」する旨の対処方針を決定し，内閣総理大臣が主宰し全閣僚を構成員とする教育改革推進閣僚会議を内閣に設置した。他方で，文部省においても1985年6月に事務次官を本部長とする「教育改革推進本部」が設置された。同本部は，臨教審答申に基づく教育改革施策を総合的に実施するため，第四次答申後の10月に文部大臣を本部長とする「文部省教育改革実施本部」に改組された。

　さらに，政府は，四次にわたる臨教審の答申を受けて，当面の改革方策の検討および立案の基本方針として，10月の閣議において「教育改革に関する当面の具体化方策について―教育改革推進大綱―」を決定した[*1]。

　同大綱に基づく教育改革について，まず，生涯学習に関しては，1988
（昭和63）年7月，文部省に生涯学習局が設置された。続いて，後述のと
おり「生涯学習の振興のための施策の推進体制等の整備に関する法律」が
1990（平成2）年6月に公布された。

　初等中等教育関係について，まず，1988年3月に単位制高等学校が導
入された。また，国際化への対応として，高校生等の海外留学の制度化
（同年2月），帰国子女等に対する高等学校等への入学・編入学機会の拡大
（同年10月）が図られた。初等中等教育の教員に関しては，初任者研修制
度が創設され1989（平成元）年度から実施された。また，同年度において，
教育職員免許法の改正による免許状の種類及び免許基準の見直し，教員へ
の社会人活用等の免許制度改善，高等学校の免許教科の改正が行われた。

　このほか1988年11月，高等学校の定時制・通信制課程の修業年限が「4
年以上」から「3年以上」に改められた。教科書については，1989年4
月および1990年3月に，審査手続の簡略化，検定基準の重点化・簡素化，
検定・採択周期の延長などの措置が講じられた。

　高等教育については，まず，1985年9月，文部大臣が指定する専修学
校高等課程の修了者に大学入学資格が付与された。大学入学者選抜につい
ては，1990（平成元）年度入学者選抜より国公私立大学を通じて利用でき
る大学入試センター試験が実施された。

　また，大学改革を推進するため，1987（昭和62）年9月に大学審議会が

＊1　①生涯学習活動の振興や各種スポーツ活動の振興等を図るとともに，生涯学習
　　体制を整備すること，②道徳教育の充実等教育内容の改善を図り，また初任者研
　　修制度の創設等により教員の資質向上を図るとともに，各般の教育条件の整備に
　　努めるなど初等中等教育の改革を進めること，③大学審議会における審議を踏ま
　　えつつ大学改革の諸課題に取り組み，また大学の入試改革を進め，大学院の充実
　　と改革を図るなど高等教育の改革を進めること，④独創的，先端的な基礎研究の
　　振興を図るとともに，民間との共同研究を推進する等学術の振興を図ること，⑤
　　留学生の受入れ体制の整備充実，情報活用能力の育成等国際化や情報化に積極的
　　に対応するための改革を進めること，⑥文部省の機構改革を進めるとともに，教
　　育財政において，教育改革を推進するため必要な資金の重点配分等財政上配慮を
　　行うなど教育行財政の改革を進めることなどである。

設置された。同審議会の答申を受けて，1989年9月には大学院制度弾力化のための大学院設置基準の改正が行われ，1991（平成3）年4月には，学位授与機構の創設，短期大学および高等専門学校卒業者への「準学士」付与，高等専門学校の分野の拡大などが行われた。同年6月には大学等設置基準の大綱化や自己点検・評価システムの導入などを内容とする大学・短期大学・高等専門学校の各設置基準および学位規則の改正が行われた。

§2　臨教審以後の教育制度改革の動向

1．1990年代の教育制度改革

　総理府直下に置かれた臨教審が設置期間満了となった後，再び文部省が教育改革の主導機関となる。1989（平成元）年4月には中央教育審議会が再開され，「新しい時代に対応する教育の諸制度の改革について」諮問された。諮問内容は，大別して「生涯学習の基盤整備」と「後期中等教育の改革とこれに関連する高等教育の課題」であった。

（1）生涯学習の推進と高等学校および大学の改革

　このうち，生涯学習の基盤整備に関しては，1990年1月に「生涯学習の基盤整備について」答申が行われた。そのおもな内容は，都道府県における生涯学習の推進体制の整備，生涯学習活動重点地域の設定，文部省における生涯学習審議会の設置などである。この答申を受けて，「生涯学習の振興のための施策の推進体制等の整備に関する法律」が同年6月に成立した。

　また，中央教育審議会は，1991年4月に「新しい時代に対応する教育の

諸制度の改革について」を答申した。この答申では，まず，高等学校教育の改革について，生徒の選択の幅を広げ，個性の伸長を図る観点から，①学科制度を見直し，新たに普通科と職業学科を総合した学科を設けること，②新しいタイプの高等学校の設置を奨励すること，③単位制の活用を図ること，④学校・学科間の移動をしやすくするため，各学校・学科に一定幅の編入学定員枠を用意することなどが提言されている。さらに，数学や物理など特定の分野において，とくに能力の伸長の著しい者に対する教育上の例外措置として，大学レベルの教育研究に触れる機会を与えることなどについて，専門的な調査研究を行うことなども提言されている。

　また，受験競争の緩和を図る観点から，大学や高等学校等の入学者選抜について評価尺度の多元化・複数化などその改善を行うこと，入試に関する情報の提供の充実を図ること，関係者の協議の場を設定することが提言された。大学入学者選抜の改善については，これらの提案を含め大学審議会において検討すること，大学の教育内容等の改善，特色ある教育・研究の推進を図ることなどが提言された。

　さらに，生涯学習社会への対応について，大学等が生涯学習機関としての役割を拡充すること，生涯のいつでも自由に学習機会を選択して学ぶことができ，その成果を適切に評価するような多様な仕組みを整備していくことなどが同答申で提言された。

（2）初等中等教育の総合的改革

　初等中等教育全体の改革については，中教審は，1995（平成7）年4月に「21世紀を展望した我が国の教育の在り方について」諮問を受けた。その際の主要検討課題は，①今後における教育の在り方および学校・家庭・地域社会の役割と連携の在り方，②一人ひとりの能力・適性に応じた教育と学校間の接続の改善，③国際化，情報化，科学技術の発展等社会の変化に対応する教育の在り方であった。

　中教審は，同諮問に対して，1996（平成8）年7月に第一次答申を，1997年6月に第二次答申を発表した。第一次答申では，とくに上記①およ

び②について，「ゆとり」のなかで子どもたちに「生きる力」をはぐくむことを基本として*²，学校における教育内容を厳選するとともに，家庭や地域社会における教育を充実すること（「総合的な学習の時間」の設置，学校・家庭・地域社会相互の連携の促進，社会に対して「開かれた学校づくり」の推進，「学校のスリム化」など），21世紀初頭に学校週5日制を完全実施すること，社会の変化に対応した学校教育の改善を図ること（国際理解教育や外国語教育，情報教育の充実，環境教育の改善と推進など）などが提言された。

　また，第二次答申では，おもに②および③について，個性を尊重した一人ひとりの能力・適性に応じた教育の展開（形式的平等の重視から個性の尊重への転換，教育における選択の機会の拡大，学校・地方公共団体等の裁量範囲の拡大），大学の入学者選抜の改善（総合的・多面的な評価の導入，多様な推薦入学の実施，複数の選抜基準の導入，秋期入学の拡大等），高等学校の入学者選抜の改善（選抜方法の多様化や評価尺度の多元化等），学（校）歴偏重社会の改革（保護者や企業等国民各層の意識および価値観の改革），中高一貫教育の導入とそれによる特色ある教育の展開，教育上の例外措置（大学の「飛び入学」導入等），高齢化社会に対応する教育の在り方（幼稚園・小学校における高齢者との交流プログラムの導入，中学・高校・大学における介護体験の実施，学校における高齢者の活用等）などが提言された。

　なお，こうした提言のいくつかは，1998（平成10）年の学校教育法改正による中等教育学校の設置，2000年以後の総合的な学習の時間の段階的実施など，ただちに現実化している。

（3）幼児期からの心の教育

　他方で，1997（平成9）年の神戸における「連続幼児殺傷事件」などを

＊2　本答申では「生きる力」について，自分で課題を見つけ，自ら学び，自ら考え，主体的に判断し，行動し，よりよく問題を解決する能力，および，自らを律しつつ，他人と協調し，他人を思いやる心や感動する心など豊かな人間性とたくましく生きるための健康や体力ととらえられている。

受けて，同年8月に文部省は，「幼児期からの心の教育の在り方について」を中教審に諮問した。

この諮問に対して，中教審は「幼児期からの心の教育に関する小委員会」を設置して審議に入り，翌年6月に「新しい時代を拓く心を育てるために―次世代を育てる心を失う危機―」を答申した。本答申は，「心の教育」について社会全体，家庭，地域，学校に対して具体的に呼びかける提言方式を採っている点，また，従前，国として言及することに慎重であった家庭におけるしつけの在り方などについて詳細に提言した点などに特徴がある。

答申では，社会全体のモラルの向上に向けての取組が強調されつつ，学校における道徳教育の見直しやカウンセリングの充実のほか，しつけや家庭のルールづくり等家庭教育の見直し，地域における子育て支援体制の整備など地域社会の活用が提言された。

（4）地方教育行政の改革

1997年に文部省は，一般行政における地方分権の推進を受けて，「今後の地方教育行政の在り方について」も中教審へ諮問している。

この諮問に対して，中教審は翌年9月に答申し，教育行政における国，都道府県，市町村の役割分担の在り方（教育課程の基準の大綱化・弾力化，学級編成や職員定数の弾力化，「指導助言」の見直し，国，都道府県，市町村，学校等の間の情報網の整備等），教育委員会制度の在り方（教育委員数の規制緩和，教育長の任命承認制の廃止，都道府県教委による市町村立学校の組織編成等基準の設定廃止等），学校の自主性・自律性の確立（学校管理規則の見直し，校長の裁量権限強化，校長・教頭の任用資格の見直し，職員会議の制度化，学校評議員の設置など），地域の教育機能の向上（地域の教育機能の協調・融合の支援と促進，教育委員会による総合的な施策の推進など）などについて提言した。

このうち，教育長の任命承認制や都道府県教員による基準設定の廃止，「指導助言」の見直しなどは，2000（平成12）年の地方分権一括法にともな

う地教行法の改正によって実施された。また，同年の地教行法施行規則の改正によって学校評議員制度が導入され，職員会議も制度化された。

（5）高等教育および高大接続改革

　他方で，高等教育の分野では，前項のとおり臨教審答申を受けて設置された大学審議会が改革における中心的な役割を担った。同審議会は，1988（昭和63）年12月の「大学院制度の弾力化」から2000（平成12）年11月の「大学入試の改善について」にいたるまで，28におよぶ答申や方向をまとめている[*3]。

　このうち，1998年10月の答申「21世紀の大学像と今後の改革方策について―競争的環境の中で個性が輝く大学―」では，大学改革の四つの理念（課題探求能力の育成，教育研究システムの柔構造化，責任ある意思決定と実行，多元的な評価システムの確立）とともに，その具体的方策が示された。それは，大学における成績評価の適正化，大学院における高度専門職業人の養成，学部の早期卒業や秋期入学，大学間の単位互換の拡大，大学と地域社会・産業界との連携交流推進，大学の組織運営体制の具体化および明確化，大学情報の積極的な提供，大学による自己点検・評価の実施と結果公表の義務づけ，第三者評価の導入などである。

　このように初等中等教育と高等教育の改革がそれぞれ提言され進捗する過程において，中教審は，1998年10月に，高校および大学の役割分担の明確化を踏まえた，初等中等教育および高等教育を見通した教育の在り方について諮問された。

　これを受けて1999年12月に発表された答申「初等中等教育と高等教育との接続の改善について」では，初等中等教育および高等教育の役割の明確化が図られるとともに，初中等教育と高等教育の接続について提言された。それは，高校の生徒が高等教育を受ける機会を拡大すること，大学入学者受入方針や教育指導体制など大学の情報を積極的に公開すること，高校関

＊3　大学審議会は，2001（平成13）年の省庁再編にともない，中央教育審議会大学
　　分科会に再編された。

係者と高等教育関係者の「連携協議会」などを推進すること，高校において生徒の能力や適性等に応じた進路および学習指導を充実させること，大学の入学者選抜学力試験において受験教科・科目数を削減すること，高校での学修成果を多面的に活用するなど，多様で適切な入学者選抜方法を開発することなどがあげられ，基本的には高校と大学の接続に傾斜している。

　また，本答申は，文部科学行政においてはじめて小学校段階からの「キャリア教育」が明言され（第6章），今日における当該教育の起点となったことでも知られている。

2．2000年代の教育制度改革

　2000年代の教育制度改革は，中央省庁の再編で幕を開く。すなわち，いわゆる縦割り行政の弊害を排除し，内閣機能を強化しつつ，国の行政機関の再編成と，国の行政組織ならびに事務事業を減量し効率化することなどを目的として，1998（平成10）年10月に中央省庁等改革基本法が成立した。

　同法の下では，中央省庁の大くくり再編成，政治主導の行政運営の確立，行政のスリム化・効率化，独立行政法人制度の創設，行政の透明化などを目指して，中央省庁等改革関係法施行法など関連法令の成立や改廃が実施された。そして文部省は，同法の施行をもって科学技術庁と統合され，「文部科学省」として2001年に発足した。

　この省庁再編が象徴するように，2000年代は，文部科学省以外を直接の源泉とする教育改革が加速した時代でもある。それは，一方では1990年代半ばから2000年代にかけての一般行政の改革（省庁再編，地方分権化，構造改革，規制緩和など）であり，他方で，内閣総理大臣直近の会議体などによる教育改革提言である。

（1）規制緩和と教育制度改革

　ここでは，まず構造改革特別区域（以下，特区）制度について簡潔に触れておく。特区制度は，政府の経済財政諮問会議（議長：小泉純一郎内閣

総理大臣（在職2002〜2006年））が「経済財政運営と構造改革に関する基本方針2002」において表明した規制緩和方策である。

　この特区制度には，経済分野に比べて構造改革が遅れている公共的分野（医療・福祉・教育・農業など）をおもな対象として，地域を限定して大幅な規制緩和措置をとることで，消費者・利用者の選択肢の拡大を通じた多様なサービスの提供とともに，新規需要と雇用の創出を図るねらいがある。

　2002（平成14）年に成立した「構造改革特別区域法」のもとで，特区指定を希望する地方公共団体ないし民間事業者は，「構造改革特別区域計画」を作成し，その認定を受けて特区で当該事業を行うとともに，原則として1年ごとに評価を受ける。教育の分野では，株式会社や不登校児童生徒等の教育を行うNPO法人による学校設置，学習指導要領によらない多様なカリキュラム編成（英語による授業実施など），小中一貫教育，幼稚園における満2歳児の入園，幼稚園と保育所の保育室の共有化などが特区における特例措置の具体例として知られている。

　なお，小泉政権下では，公的組織の法人化・民営化の一環として，指定管理者制度も導入された[4]。さらに，国庫補助負担金の廃止・縮減，税財源の移譲，地方交付税の一体的な見直しを図る「三位一体の改革」においては，義務教育国庫負担金がその存廃などをめぐって大きな争点となった。こうした背景から義務教育のあり方の検討を求められた中教審は，総会直属の部会として義務教育特別部会を設置して審議を重ね，2005（平成17）年10月に「新しい時代の義務教育を創造する」を答申した。同答申では，義務教育の構造改革の推進とともに，義務教育国庫負担金制度の堅持が提言された。

（2）内閣総理大臣直近の会議体による教育改革提言

　内閣総理大臣直近の会議体などによる教育改革提言について，2000年代における端緒は，小渕恵三内閣総理大臣（在職1998-2000年）の私的諮問

───────────────

＊4　地方公共団体などにのみ許されていた公の施設の管理運営を，民間企業やNPO法人，市民グループなどへ包括的に代行させる制度である。

機関として2000年に設置された「教育改革国民会議」である。また，安倍晋三内閣総理大臣（在職2006-2007年，2012年-）は，第一次政権下に「教育再生会議」（2006年）を，第二次政権下に「教育再生実行会議」（2013年）を設置している。なお，第一次安倍内閣の後を受けた福田康夫内閣総理大臣（在職2007-2008年）は，教育再生会議を引き継ぐとともに，その解散後は私的諮問機関として「教育再生懇談会」を設置した（2008年）。

　さて，小渕政権下で発足した教育改革国民会議は，2000年12月に「教育改革国民会議報告─教育を変える17の提案─」を発表した。これは，人間性豊かな日本人の育成，創造性に富む人間の育成，新しい時代にふさわしい新しい学校づくり（「新しいタイプの学校」など），教育施策を総合的に推進する教育振興基本計画の策定などを主たる内容とする。

　とくに，ある意味で戦後教育の「聖域」であった教育基本法の見直し，奉仕活動の義務化，道徳の教科化などを提案したことは本報告の特徴といえる。また，文部科学省は，同報告を受けて，2001年1月に「21世紀教育新生プラン」を取りまとめるとともに，6つの教育改革関連法案を国会へ提出し，いずれも成立させた[5]。

　当該プランは，基礎学力の向上，奉仕・体験活動の促進，学習環境の整備，保護者や地域に信頼される学校づくり，教員の資質能力の向上，大学の水準向上，教育理念の確立による教育基盤の整備の「七つの重点戦略」を中核とする。

　具体的には，少人数・習熟度別授業の実施，学習指導要領の改訂，全国学力調査の実施，学校教育法・社会教育法の改正による奉仕・体験活動の促進，「心のノート」の作成と配布，適格性に欠ける教員への対応を含む教員の資質能力の向上などが計画され，ただちに実行に移された。教育基

＊5　2001年に「公立義務教育諸学校の学級編制及び教職員定数の標準に関する法律等の一部を改正する法律」「独立行政法人国立オリンピック記念青少年総合センター法の一部を改正する法律」「国立学校設置法の一部を改正する法律の一部を改正する法律」「地方教育行政の組織及び運営に関する法律の一部を改正する法律」「学校教育法の一部を改正する法律」「社会教育法の一部を改正する法律」が成立した。また，翌年に「教育職員免許法の一部を改正する法律」など3法が成立した。

本法の改正や，教育振興基本計画の策定についても，「新しい時代にふさわしい教育基本法と教育振興基本計画の在り方について」というかたちで中教審に諮問された（後述）。

　他方で，内閣府に設置された総合規制改革会議は，2001（平成13）年12月に公表した「規制改革の推進に関する第1次答申」の教育分野において，新しいタイプの学校（コミュニティ・スクール）導入に関する調査研究の推進や，学校選択制度の導入促進など，教育改革国民会議の提案を反映した提言を行っている。

　第一次安倍政権において閣議決定により発足した教育再生会議は，まず，2007（平成19）年1月に，いじめ問題をはじめ，義務教育を中心に初等中等教育の当面の課題を対象とした第一次報告をまとめ，続いて，同年6月には学力の向上，徳育の充実，大学・大学院の改革，教育財政のあり方に重点を置いた第二次報告を発表した。

　これら両報告は，いずれも中教審答申に反映され，教育3法など関連法令の改正（後述）というかたちで現実化している。また，12月には第三次報告が取りまとめられ，小中一貫教育の推進など，「6-3-3-4制」の弾力化や英語教育の改革，学校の自主性を活かすシステムの構築，子ども，若者，家庭への総合的な支援などが提言された。しかし，同年9月に安倍内閣が退陣したことを受けて，当該会議は2008（平成20）年1月に教育再生の具体的な実践とフォローアップを提言した最終報告を提出して解散した。

　福田内閣によって設置された教育再生懇談会は，教育再生会議の後継組織である。教育再生懇談会は，教育費負担，教育委員会制度のあり方，教科書の充実，小中学生の携帯電話利用などについて四次にわたる報告をまとめたが，政権交代後の民主党内閣のもとで2009（平成21）年11月に廃止された。

（3）教育基本法の改正と教育制度改革

　こうした一般行政改革，あるいは内閣主導の教育改革提言も受けて，教

育制度改革は加速し，それにともない中教審の答申数も急増していく。

　内閣主導の教育改革提言を受けた中教審答申の典型が，2001年の諮問を経て2003（平成15）年３月に公表された「新しい時代にふさわしい教育基本法と教育振興基本計画の在り方について」である。本答申では，まず，日本社会が自信喪失感や閉塞感の広がりなど，さまざまな危機に直面している一方で，教育についても，青少年の規範意識や道徳心，自律心の低下，いじめ，不登校，中途退学，学級崩壊，学ぶ意欲の低下，家庭や地域の教育力の低下など多くの課題を抱えている認識が示された。

　こうした背景から，同答申は，21世紀における教育の目標として，①自己実現を目指す日本人の育成，②豊かな心と健やかな体を備えた人間の育成，③「知」の世紀をリードする創造性に富んだ人間の育成，④新しい「公共」を創造し21世紀の国家・社会の形成に主体的に参画する日本人の育成，⑤日本の伝統・文化を基盤として国際社会を生きる教養ある日本人の育成を掲げた上で，目標達成のために，教育基本法等の教育関連法令の改正や，具体の施策を総合的，体系的に位置づける教育振興基本計画の策定を強く求めた。

　以上のような教育改革国民会議の「17の提案」，文部科学省の「21世紀教育新生プラン」，そして直上の2003年中教審答申における教育基本法改正の動きは，「与党教育基本法改正に関する協議会」による「教育基本法に盛り込むべき項目と内容について（最終報告）」（2006年４月）に集束した。政府は，同報告などを踏まえた改正案を国会へ提出し，2006（平成18）年12月15日に改正教育基本法が成立，同月22日に公布施行された。1947（昭和22）年に教育基本法が成立して以来，最初の改正であった。

① 教育基本法のおもな改正点

　新旧教育基本法の差違には，おおむね次の４点がある。すなわち，ⓐ前文や第２条において，公共の精神の尊重，豊かな人間性と創造性を備えた人間の育成，伝統の継承といった文言が追加されたこと，ⓑ「教育の目標」（第２条）が詳細かつ具体的に示されたこと，ⓒ生涯学習（第３条），障害者に対する教育上必要な支援（第４条２），義務教育として行われる

普通教育の定義等（第５条２および３），大学の目的等（第７条），私立学校の振興等（第８条），家庭教育の目的等（第10条），幼児期の教育の振興等（第11条），学校，家庭及び地域住民等の相互の連携協力（第13条），教育行政における国と地方公共団体の役割分担等（第16条２，３および４），教育振興基本計画の策定等（第17条）などに関する条文や規定が新設されたこと，ⓓ旧法第６条における教員規定が「研究と修養」「養成と研修の充実」といった文言が加えられて独立したこと（第９条）などである。

② 教育３法の改正と教育振興基本計画の策定

　また，教育基本法改正を受けた大きな変化には，いわゆる教育３法の改正と，教育振興基本計画の策定がある。

　前者は，教育基本法の改正，教育再生会議第一次報告，2007（平成19）年３月の中教審答申「教育基本法の改正を受けて緊急に必要とされる教育制度の改正について」を経て実行された。すなわち，学校教育法，地教行法，教育職員免許法・教育公務員特例法の改正である（同年６月）。

　学校教育法の改正では，各学校種の目的および目標の見直しなど，副校長・主幹教諭・指導教諭その他の新しい職の設置，学校評価と情報提供に関する規定の整備，大学等の履修証明制度の導入などが従前からの変更点となる。

　地教行法は，教育委員会の責任体制の明確化，教育委員会の体制の充実，教育における地方分権の推進，教育における国の責任の明確化，私立学校に関する教育行政の整備について改正された。

　教育職員免許法の改正では，普通免許状および特別免許状に有効期限が設けられ，教員免許更新制が導入されたほか，分限免職処分を受けた者の免許状失効が明記された。また，教育公務員特例法の改正によって，指導が不適切な教員に対する認定および研修が実施されることになった。

　教育振興基本計画は，改正教育基本法第17条１を根拠に，政府による策定，報告，公表が義務づけられた。第１期教育振興基本計画（2008〜2012年）は，2008（平成20）年４月の中教審答申「教育振興基本計画について－「教育立国」の実現に向けて－」を踏まえて，同年７月に策定された。

同計画は，今後10年間を通じて目指すべき教育の姿として，義務教育修了までにすべての子どもへ自立して社会で生きていく基礎を育てること，社会を支え発展させるとともに国際社会をリードする人材を育てることの2つを掲げた。

そして，今後5年間の教育施策における基本的方向として，社会全体で教育の向上に取り組むこと，個性を尊重しつつ能力を伸ばし，個人として，社会の一員として生きる基盤を育てること，教養と専門性を備えた知性豊かな人間を養成し，社会の発展を支えること，子どもたちの安全・安心を確保するとともに，質の高い教育環境を整備することを明示するとともに，77項目におよぶ具体的方策を示している。

③ 特別支援教育の推進と特別支援学校の創設

一般行政改革，あるいは内閣主導の教育改革提言を受けた教育制度改革は，その性格上，教育基本法の改正にしろ教育振興基本計画にしろ総合的かつ体系的に計画され進捗する。したがって，本項であげた中教審答申も同様の傾向にある。他方で，2000年代においては，特定の教育段階ないし領域を直接対象とした重要な答申も散見できる。

そのひとつが，2005（平成17）年12月の答申「特別支援教育を推進するための制度の在り方について」である。同答申では，障害の種類や程度に応じて特別な場で教育を行う従来の「特殊教育」を，一人ひとりの教育的ニーズに応じた適切な指導および必要な支援を行う「特別支援教育」に転換すること，従来の盲・聾・養護学校を障害種別を超えた特別支援学校へ，また，それぞれの学校種に設けられていた教員免許状を特別支援学校教諭免許状へ一本化すること，小中学校においてLD（学習障害），ADHD（注意欠陥・多動性障害）を新たに通級による指導の対象とすること，特殊学級と通常の学級における交流および共同学習を促進することなどが提言された。

こうした提言の多くは，関連法規の改正などにより，ただちに具体化した。たとえば，通級指導の対象にLD，ADHDが2006年4月に追加された（学校教育法施行規則）。また，2007年4月には特別支援学校の創設（学校教

育法），同教諭免許状への一本化（教育職員免許法）が実現している。

④ 高度専門職業人養成と高等教育改革

こうした学校制度の再編の動きは，高等教育においても確認できる。その1つが大学院制度の改革である。すなわち，中教審は，2002年8月に「大学院における高度専門職業人養成について」および「法科大学院の設置基準等について」を答申し，「高度で専門的な職業能力を有する人材の養成」に特化した実践的な教育を行う「専門職大学院」の創設を提言した*6。この提言も，学校教育法の改正などにより，2003年4月に，高度専門職業人養成に特化した新たな「専門職大学院」として制度化された。

その後も，高等教育について，中教審は，2005年に「我が国の高等教育の将来像」および「新時代の大学院教育」を公表し，中長期的に想定される高等教育の将来像を全体的に示すとともに，大学院教育の実質化と，国際的な通用性・信頼性の向上などについて提言した。

文部科学省は，この提言を体系的・集中的に実施するため，2006年に「大学院教育振興施策要綱」を策定した。さらに，中教審は2008年に「学士課程教育の構築に向けて」を答申し，大学に対して，入学者受入れの方針，教育課程編成・実施の方針，学位授与の方針を明示するよう求めた。この3方針の策定と公開は，2016（平成28）年の学校教育法施行規則の改正により，2017（平成29）年4月から大学に義務づけられた。

⑤ 地域に開かれた学校

初等中等教育については，「開かれた学校」の制度化が見られる。「開かれた学校」は，施設，機能，経営とその開放事項や領域には振幅がありつつも，臨教審以後いくつかの答申などで提言されてきた。

1996年の「21世紀を展望した我が国の教育の在り方について」（第一次答申）では，「学校は，自らをできるだけ開かれたものとし，かつ地域コ

＊6　1999年には高度専門職業人養成に特化した教育を行う大学院修士課程である「専門大学院制度」が創設された。しかし，同制度は，コースワークのみによる課程修了が認められないなど，高度専門職業人養成に徹しきれないとの指摘を受けていた。

ミュニティにおけるその役割を適切に果たすため，保護者や地域の人々に，自らの考えや教育活動の現状について率直に語るとともに，保護者や地域の人々，関係機関の意見を十分に聞くなどの努力を払う必要がある」と提言された（第4章）。

また，続く1998年の答申「今後の地方教育行政の在り方について」においても，学校・家庭・地域が連携協力するために，学校の教育目標・具体的教育計画・その実施状況についての自己評価を保護者や地域住民に説明することが必要であるとしつつ，「より一層地域に開かれた学校づくりを推進するためには学校が保護者や地域住民の意向を把握し，反映するとともに，その協力を得て学校運営が行われるような仕組みを設けることが必要であ」るとして（第3章），学校評議員の設置を求めた。

この学校評議員は，上で述べたとおり，地教行法施行規則の改正によって2000年に制度化された。同制度は，おおむね保護者や地域住民に対して学校として説明責任を果たすことと，保護者や地域住民の意向を把握し反映することを目的としていた。すなわち，同制度の下で，保護者などは学校運営に対して直接意志決定を行うことはない。

⑥ コミュニティ・スクール（新しい学校）

他方で同じ2000年に出された教育改革国民会議の「17の提案」では，地域が運営に参画する「新しいタイプの学校」（「コミュニティ・スクール」等）の設置促進が求められた。

そして，2004年3月の中教審答申「今後の学校の管理運営の在り方について」において，「保護者や地域住民が一定の権限を持って運営に参画する新しいタイプの公立学校」を「地域運営学校」として制度化すること，また，「学校の運営への保護者や地域住民の参画を制度的に保障するための仕組み」として「学校運営協議会」を設置することを提言した（第2章）。

同協議会の機能は，学校における基本的な方針について決定すること，保護者や地域のニーズを反映すること，学校の活動状況をチェックすることである。学校運営協議会は，2004年6月の地教行法の改正を受けて法定制度となり，また，2017年4月の同法改正により設置が努力義務化さ

れている。

　なお，近年，「『学校運営協議会』を設置している学校」，「学校運営協議会制度を導入した学校」について，文部科学省は「コミュニティ・スクール」と定義している*7。

3. 近年の教育制度改革

　2010年代に入り，教育改革は様相を複雑化させながら，ますますその歩みを早めている。後述するように，第二次安倍政権下で教育再生実行会議が組織される一方，改正教育基本法に基づく教育振興基本計画も第2期を迎え，そして終えようとしている。中教審の答申や提言も，おもなものだけでも20を超える（表11-1）。

（1）教育再生実行会議

　教育再生実行会議は，教育再生を最重要課題のひとつとする第二次安倍内閣の組織からほどなく閣議決定により設置された（2013年1月15日）。同会議は，2013（平成25）年に四次におよぶ提言を行った。すなわち「いじめの問題等への対応について」（第一次提言，2月），「教育委員会制度等の在り方について」（第二次提言，4月），「これからの大学教育等の在り方について」（第三次提言，5月），「高大接続・大学入学者選抜の在り方について」（第四次提言，10月）である。

　これらの提言は，中教審の答申や審議等を踏まえて「いじめ防止対策推進法」の成立（2013年），道徳教育用教材『私たちの道徳』の作成と配布（2014年度から使用開始）*8，学習指導要領一部改正による道徳の「教科化」（2015年：第一次提言），地教行法の改正による新「教育長」制度の導入など（2015年4月施行：第二次提言），スーパーグローバルハイスクール事業の開始（2014年度），大学ガバナンス改革などを定める「学校教育法及び

---

*7　たとえば，文部科学省のパンフレット『コミュニティ・スクール2017』など。
*8　『私たちの道徳』は，従来の「心のノート」を全面改訂した教材である。

<表11-1> 2010年代の中教審答申など（おもなもの）

2011年 1 月31日	今後の学校におけるキャリア教育・職業教育の在り方について（答申）
2011年 1 月31日	グローバル化社会の大学院教育—世界の多様な分野で大学院修了者が活躍するために—（答申）
2012年 3 月21日	学校安全の推進に関する計画の策定について（答申）
2012年 3 月21日	スポーツ基本計画の策定について（答申）
2012年 8 月28日	教職生活の全体を通じた教員の資質能力の総合的な向上方策について（答申）
2012年 8 月28日	新たな未来を築くための大学教育の質的転換に向けて—生涯学び続け，主体的に考える力を育成する大学へ—（答申）
2013年 1 月21日	今後の青少年の体験活動の推進について（答申）
2013年 4 月25日	第 2 期教育振興基本計画について（答申）
2013年12月13日	今後の地方教育行政の在り方について（答申）
2014年10月21日	道徳に係る教育課程の改善等について（答申）
2014年12月22日	新しい時代にふさわしい高大接続の実現に向けた高等学校教育，大学教育，大学入学者選抜の一体的改革について（答申）
2014年12月22日	子供の発達や学習者の意欲・能力等に応じた柔軟かつ効果的な教育システムの構築について（答申）
2015年10月28日	教職員定数に係る緊急提言
2015年10月28日	高等教育予算の充実・確保に係る緊急提言
2015年12月21日	チームとしての学校の在り方と今後の改善方策について（答申）
2015年12月21日	これからの学校教育を担う教員の資質能力の向上について —学び合い，高め合う教員育成コミュニティの構築に向けて—（答申）
2015年12月21日	新しい時代の教育や地方創生の実現に向けた学校と地域の連携・協働の在り方と今後の推進方策について（答申）
2016年 5 月30日	個人の能力と可能性を開花させ，全員参加による課題解決社会を実現するための教育の多様化と質保証の在り方について（答申）
2016年12月21日	幼稚園，小学校，中学校，高等学校及び特別支援学校の学習指導要領等の改善及び必要な方策等について（答申）
2017年 2 月 3 日	第 2 次学校安全の推進に関する計画の策定について（答申）

国立大学法人法の一部を改正する法律」の成立（2015年 4 月施行：第三次提言），あるいは中教審による審議および答申といったかたちで具体化し

ている。

　さらに，同会議は2014年以後も，2017年11月にいたるまで10次におよ
ぶ提言を行っている（表11-2）。

<表11-2>　2014年以後の教育再生実行会議の提言

2014年7月	第五次提言「今後の学制等の在り方について」
2015年3月	第六次提言「『学び続ける』社会，全員参加型社会，地方創生を実現する教育の在り方について」
2015年5月	第七次提言「これからの時代に求められる資質・能力と，それを培う教育，教師の在り方について」
2015年7月	第八次提言「教育立国実現のための教育投資・教育財源の在り方について」
2016年5月	第九次提言「全ての子供たちの能力を伸ばし可能性を開花させる教育へ」
2017年6月	第十次提言「自己肯定感を高め，自らの手で未来を切り拓く子供を育む教育の実現に向けた，学校，家庭，地域の教育力の向上」

　これらの提言は，学校教育法改正による「義務教育学校」の創設（2016
年）や「専門職大学・専門職短期大学」の新設（2019年予定），「高大接続
改革実行プラン」の策定など，今時政権における教育改革を牽引している。

（2）教育振興基本計画と教育制度改革

　教育振興基本計画について，前述のとおり，第1期計画は2012年で満
了した。中教審は2013年4月に「第2期教育振興基本計画について」答
申し，同年6月には第2期の教育振興基本計画（2013-2017）が閣議決定
された。本計画は，3部構成をとっている（第3部は略）。

　第1部（総論）では，グローバル化の進展など世界全体が急変するなか
で，産業空洞化や生産年齢人口の減少など深刻な諸課題を抱える日本が，
極めて危機的な状況にあると強調されている。こうした危機的な状況にあ
る国家が目指すべき方向性として，同計画では「自立」「協働」「創造」の
3つの理念の実現に向けた生涯学習社会の構築が設定された。そして，教
育行政について，①社会を生き抜く力の養成，②未来への飛躍を実現する
人材の養成，③学びのセーフティネットの構築，④絆づくりと活力あるコ

ミュニティの形成という生涯の各段階を貫く4つの基本的方向性があげられている。

　第2部（各論）では，この基本的方向性それぞれについて，具体的な施策が列挙されている[9]。すなわち，①については，生きる力の確実な養成（幼稚園～高校），課題探求能力の修得（大学～），自立・協働・創造に向けた力の修得（生涯全体），社会的・職業的自立に向けた能力・態度の育成，②については，未来への飛躍を実現する人材の養成・新たな価値を創造する人材やグローバル人材等の養成（理数系人材の育成や外国語教育の強化・留学生交流等の推進），③については，意欲あるすべての者への学習機会の確保（各教育段階における教育費負担軽減），安全・安心な教育研究環境の確保（学校の耐震化等の推進），④については，学校と地域の連携・協働体制の構築や家庭教育支援体制の強化等が示された。

　また，上記の方向性すべてにかかわる環境整備として，現場重視の学校運営・地方教育行政改革と社会教育推進体制の強化も強調された。なお，第2期教育振興基本計画は2017年度で満了するため，早々に第3期基本計画が策定される見とおしとなっている。

（3）教育再生実行会議提言と中教審

　中教審は，2010年代において，上述のとおり教育再生実行会議の提言等を直接的間接的に受けて審議や答申を行う傾向にある。

　たとえば，教育再生実行会議の第二次提言を受けて，中教審は，2013年に答申「今後の地方教育行政の在り方について」を提出した。同答申では，従来の教育委員長と教育長を一本化した新教育長職の新設に加えて，首長による「総合教育会議」の招集および教育に関する大綱策定など，今までの教育委員会制度に一定の変更を加える提言がなされた。これらは，2014年の地教行法の改正により法制化された。

　また，2014年に中教審は，教育再生実行会議の第一次提言を踏まえて，

＊9　これらは「4のビジョン（基本的方向性），8のミッション（成果目標），30のアクション（基本施策）」として体系的に整理されている。

答申「道徳に係る教育課程の改善等について」を，また，同じく第二次提言を受けて，答申「新しい時代にふさわしい高大接続の実現に向けた高等学校教育，大学教育，大学入学者選抜の一体的改革について」を公表した。前者は先述のとおり道徳の教科化に具体化し，後者は「高大接続改革実行プラン」を経て，「高大接続システム改革会議」の最終報告にいたった。周知のとおり，これらを踏まえて，大学入試センター試験の廃止，「高校生のための学びの基礎診断」や「大学入学共通テスト」の導入など，「高大接続改革」が進行中である。

　2015年の中教審答申「新しい時代の教育や地方創生の実現に向けた学校と地域の連携・協働の在り方と今後の推進方策について」は，教育再生実行会議の第六次提言を受けて公表された。コミュニティ・スクールの努力義務化，地域学校協働活動の推進など本答申における要点は，2017年4月に施行された「義務教育諸学校等の体制の充実及び運営の改善を図るための公立義務教育諸学校の学級編制及び教職員定数の標準に関する法律等の一部を改正する法律」により法制化されている[10]。

　また，同法により，2015年の中教審答申「チームとしての学校の在り方と今後の改善方策について」が提言した，事務の共同実施組織の法制化が，「共同学校事務室」の設置というかたちで実現した。

① 専門職大学・短期大学の創設

　2016年には，教育制度改革上重要な中教審の答申が2つ公表されている。まず，教育再生実行会議の第五，六次提言を受けた「個人の能力と可能性を開花させ，全員参加による課題解決社会を実現するための教育の多様化と質保証の在り方について」である。

　この答申の第一部では，実践的な職業教育に最適化した高等教育機関を大学体系に位置づけ新たに創設すること，第二部では，一人ひとりの生涯

---

[10]　前者は地教行法，後者は社会教育法の改正による。なお，答申では，地域学校協働活動について，「地域と学校が連携・協働して，地域全体で未来を担う子供たちの成長を支えていくそれぞれの活動を合わせて『地域学校協働活動』と総称」すると定義している。

を通じた学習の成果の適切な評価・活用のための環境を整備することが提言された。先述のとおり，このうち前者は，専門職大学・専門職短期大学として2019年度に導入が予定されている。

② 社会に開かれた教育課程

2016年内におけるもうひとつの中教審答申が，「幼稚園，小学校，中学校，高等学校及び特別支援学校の学習指導要領等の改善及び必要な方策等について」である。本答申は，「よりよい学校教育を通じてよりよい社会を創る」という目標を学校と社会が共有し，連携・協働しながら，新しい時代に求められる資質・能力を子どもに育む「社会に開かれた教育課程」を基礎理念とする。

この理念に基づき，「何ができるようになるか」（育成を目指す資質・能力），「何を学ぶか」（教科等を学ぶ意義と，教科等間・学校段階間のつながりを踏まえた教育課程の編成），「どのように学ぶか」（各教科等の指導計画の作成と実施，学習・指導の改善・充実）「子供一人一人の発達をどのように支援するか」（子供の発達を踏まえた指導），「何が身に付いたか」（学習評価の充実），「実施するために何が必要か」という点から，ⓐ学習指導要領等の枠組みの見直し，ⓑ教育課程を軸に学校教育の改善・充実の好循環を生み出す「カリキュラム・マネジメント」の実現，ⓒ「主体的・対話的で深い学び」の実現（アクティブ・ラーニングの視点からの授業改善）という学習指導要領改善の視点が提言された。

なお，小学校における外国語教育を早期化・教科化すること，中・高等学校において外国語教育をさらに充実させること，通級による指導を受けるか特別支援学級に在籍する児童生徒全員に対して「個別の教育支援計画」や「個別の指導計画」を作成することは，教育再生実行会議の提言が本答申において具体化されたものである（それぞれ，第三次提言，第九次提言）。

さらに，上記の中教審答申を受けて，幼稚園教育要領および小中学校の学習指導要領が2017年3月に告示された。新要領については，小学校におけるプログラミング教育の導入，外国語の教科化などが耳目を集める傾向

にはあるけれども，「社会に開かれた教育課程」を標榜している点，言語
能力の確実な育成と理数教育および外国語教育の充実とともに，伝統や文
化に関する教育の充実，道徳教育の充実，体験活動の充実などが強調され
ている点において，今改訂が近年の教育制度改革の要点を直接受容し継承
していることには注目しておきたい。

　以上のように，いくつかの側面において臨教審を源流とする教育制度改
革は，2000年代以後，急速に具体化現実化しつつある。

　ごく近年の動向，たとえば，高大接続改革，義務教育学校の制度化，道
徳の教科化，学校運営協議会設置の努力義務化，社会に開かれつつ「主体
的・対話的で深い学び」を重視する学習指導要領の実施などに限っても，
現行の教育制度を転換させる契機たり得る。現行施策を戦後最大の教育改
革とする評価も巷間には流布している。

　教育にかかわる者，すなわち，私たちすべては，自らに近い個々の動向
を注視し，それにかかわるだけでなく，現在日本の公教育が，福祉など，
さまざまな分野と連携しつつ大きく変わり得る機会と認識した上で，変化
を改善につなげるべく教育制度改革に参画する必要があると考える。

【参考文献】

1）文部省『学制百二十年史』ぎょうせい，1992年
2）文部省『我が国の文教施策』（オンライン版）文部科学省ホームページ
3）文部科学省『文部科学白書』（オンライン版）文部科学省ホームページ
4）臨時教育審議会『教育改革に関する答申　―臨時教育審議会第一次～
　第四次（最終）答申―』大蔵省印刷局，1998年

第12章 教職の専門性と研修

§1 教育の質を高めるために

1. 研修とは

　教員採用試験に合格すれば，ただちに立派な教師になれるわけではない。同時にまた，日々子どもとかかわっていれば，それだけで立派な教師として成長すると保障することもできない。教師として成長するためには，研修は欠かすことのできない要素の1つである。

　そもそも教職は，3つの体系から捉えることができる。すなわち教師の養成，教師の採用，教師の研修である。普通に考えてみても，この3つのなかで一番長期にわたるのは，教師が採用されてからその職を辞するまでの間に関係する研修である。それだけに研修は，重きが置かれる分野である。

　研修とは，職務に必要な知識・技術・態度などを修得し，資質向上を図るための学習活動や実践活動，またはそのための教育・訓練の総体である。法令上では，研修は「研究」と「修養」を意味する。

　教育の目的は，教育基本法にあるとおり，「人格の完成」にある。しか

し，その人格の完成を，さらに具体な姿として捉えようとすると，決して固定化されたものではなく，日々，時代の影響，要請に応じて変化して考えなければならなくなる。

　同時に教育内容・教育方法も，昨今の学問研究や科学技術の日進月歩と歩調を合わせていくのは当然のことである。たとえば，ICT活用は，教師の必須の修得技術になっている。

　こうしたさまざまな面から教師は，公立・私立のどの学校に在職しようとも，自己の職責を遂行するために日々自己を磨き，切磋琢磨し，研修に励まなければならないのである。

2．教員研修の必要性

　教員研修の必要性は，すでに1966（昭和41）年の「教員の地位に関する勧告」の第6項で，「教育の仕事は専門職とみなされるべきである。この職業は厳しい，継続的な研究を経て獲得され，維持される専門的知識及び特別な技術を教員に要求する公共的業務の一種である」と述べられていた。

　ところで研修というと，教員がほかの指導者から講義を聞いたり，演習を行ったりするイメージが先行するかもしれない。しかし，教員自らが研修を積み重ねる自己研修というものが一番の土台にある。つまり，専門職としての教職の在り方を考えた場合，人任せではなく，教員自身が自律的・主体的に研修活動を展開し，その職責遂行の上で不可欠な諸能力を向上させていくことがベースとなる。

　なぜなら子どもの発達を援助する立場にある者が，子どもの学習条件を整え，学習の方法や内容に関する知識・技術を向上させ，より効果的に学習成果を生み出させるよう自主的かつ積極的に励むことは，教職についている限り，当然の行為だからである。

　しかし，教員一人で自己を磨くことには，おのずから限界がある。そこから他者による研修，他者とかかわった研修の必要性が生じてくる。

　こうした研修は，実施主体からみれば，おおよそ3つのレベルに分けら

れる。独立行政法人教職員支援機構が実施する国レベルの研修，都道府県等教育委員会が実施する研修，市町村教育委員会等が実施する研修である。

① 国レベルの研修としては，ⓐ学校経営力の育成を目的とした校長研修，副校長・教頭等研修，中堅教員研修，次世代リーダー育成研修，4〜8年目教員育成研修，ⓑ研修指導者の育成等を目的とした，学校のマネジメントの推進や生徒指導，グローバル化に対応する研修等がある。

② 都道府県等の教育委員会が実施する研修としては，ⓐ法定研修としての初任者研修，ⓑ同じく法定研修としての中堅教諭等資質向上研修，ⓒ教職経験に応じた研修（2年次研修，3年次研修，5年経験者研修，20年経験者研修），ⓓ職能に応じた研修として，新任研究主任研修，新任教務主任研修，教頭・副校長・校長研修，ⓔ長期派遣研修として，大学院・民間企業等への長期派遣研修，ⓕ専門的な知識・技術に関する研修（教科指導，生徒指導等に関する専門的研修）がある。またⓖ指導が不適切な教員に対する研修として，指導改善研修がある。

③ 市町村教育委員会，学校，教員個人の研修としては，市町村教育委員会が独自に企画・実施する研修，校内研修，教育研究団体・グループが実施する研修，教員個人が自主的に選択する研修等がある。

これから主として教育公務員がかかわる研修についてみていこう。教育公務員は，公立大学法人を除く，地方公務員が該当する。もちろん採用，給与，勤務条件，勤務評価などの基本については「地方公務員法」（1949（昭和24）年）の適用を受けることとなる。そして，教育公務員は，教職という特殊性から「教育公務員特例法」の適用下に置かれる。この特例法の第21条第1項では，「教育公務員は，その職責を遂行するために，絶えず研究と修養に努めなければならない」と定められている。

次いで同法同条第2項では，任命権者は，教育公務員の専門性を十分発揮させるために，また必要な能力と資質を向上させることを目的として，

研修を計画的に実施していく義務を負うことが示されている。

　さらに同法第22条第2項では，研修の機会の特例について明示されている。教員には，「授業に支障のない限り，本所属長の承認を受けて，勤務場所を離れて研修を行うことができる」といった特例が設けられているのである。

　そしてまた，同法同条第3項では，教育公務員は，任命権者の定めるところにより，現職についたままで，留学など長期研修を受けることができるという特例が示されている。とくにこの第2項・第3項の特例は，ほかの公務員にはないものであり，教育公務員の研修の重要性を示すとともに，研修の機会の特段の拡大に寄与していると考えられる。

　さて，教員の勤務との関連で言えば，教員研修は次の3つに大別される。

　① 職務そのものとして行われる職務研修
　② 職務に直接・間接に役立つものと服務監督権者が判断して職務専念義務を免除して行われる職務専念義務免除研修（職専免研修）
　③ 勤務時間外を利用したり，勤務時間内でも手続きとしては休暇を取って行われるべき自主研修

　そしてこれらのどの種類の研修をするかを判断する必要が起こった場合には，研修の内容に応じて校長が決めることとなっている。ちなみに自主研修という言葉は，行政主体で行う研修に対して，教員個々のニーズに基づいて教育研究団体が主催する研修という意味で用いられることもある。

　また，教員研修は，職位別の研修と専門別研修に大別することもできる。職位別研修としては，初任者研修，中堅教員研修，管理職研修があり，専門別研修としては，各教科ごとに分けられた研修，生徒指導，進路指導，視聴覚教育などがある。

　さらに2008（平成20）年から，任命権者により指導が不適切だと認定された教員に対しては，指導改善のための研修が新たに実施されることになった。

これから先は，主として職位別の観点から研修を考察してみよう。

3．初任者研修

　1989（平成元）年になって新たな研修制度が教育公務員に対して導入された。それが初任者研修である。この初任者研修制度は，1989年より小学校から開始され，中学校，高等学校，特殊教育諸学校と，順次実施されるようになった。この初任者研修の制度の施行は，「教育公務員特例法」の第23条に新たに加えられた。

　初任者研修の目的は，実践的指導力の養成，使命感の涵養，幅広い知見の修得の3つの点にある。簡単にいえば，教職にはじめてつく人間が支障なく業務を遂行するように，不安を解消し，意欲をもってその任務にあたることを狙いとしたものである。研修の実施主体は，各都道府県，指定都市，中核市教育委員会である。

　初任者研修は具体的には，校内研修と校外研修とに分けられる。

（1）校内・初任者研修

　ベテラン教師がつき，週に10時間以上，年間300時間以上の時間をかけて研修を行う。研修内容としては，教員として必要な素養についての指導の場合もあるし，ベテラン教師が初任者に授業を見せて指導する場合もある。また，ベテラン教師が初任者を観察しての指導も含まれる。

（2）校外・初任者研修

　校外で行う初任者研修としては，年間25日以上が定められている。たとえば，教育センターなどでの講義・講演を聴くこと，企業・福祉施設などでの体験，自然体験や社会奉仕活動にかかわる指導も行っている。また青少年教育施設などでの宿泊研修も行われる。

　当然ながら，初任者研究を経験した後には，その教員は，ほかの教員などの補助がなくても，特段の支障なく，教科指導，生徒指導などを実践で

きる資質能力をもって教育を担っていくことが期待されている。

4．中堅教員研修

　教職経験に応じた研修は，初任者研修とともに研修体系の基本を成すものと位置づけられ，5年，20年等といった一定の教職経験を有する教員全体を対象として実施されている。とくに中堅教諭等資質向上研修は，10年経験者研修に代わるものとして，2023年度より，公立の教員に対して全面的に実施されることになった。

（1）中堅教諭等資質向上研修

　教育公務員特例法第24条には「公立の小学校等の教諭等の研修実施者は，当該教諭等に対して，個々の能力，適正等に応じて，公立の小学校等における教育に関し相当の経験を有し，その教育活動その他の学校運営の円滑かつ効果的な実施において中核的な役割を果たすことが期待される中堅教諭等としての職務を遂行する上で必要とされる資質の向上を図るために必要な事項に関する研修を実施しなければならない」とうたわれている。この研修は，法定研修ではあるが，研修の対象となる教員，研修の内容は，都道府県教育委員会などの研修実施者の裁量に委ねられている。

　研修対象の教員については，在職期間が9年目から10年目というように，2年間の研修期間を設けている自治体，また5年および10年と前期・後期に分けて実施する自治体もある。中堅教諭等資質向上研修のねらいは，養成段階で身につけた資質・能力にとどまらず，時代の変化に対応して，継続的に新しい知識・技能を学び続けていく姿勢を，中堅教諭にふさわしく培うことである。また各自治体は，キャリアステージに合わせた資質能力の指標を公開しており，例えば，校務分掌などにおける学校運営上の重要な役割を担当する能力，同僚や若手教員への指導的役割を担う能力などが指標となっている。

　実施方法については，初任者研修と同じように学校内で行う「校内研

修」と学校外の施設や教育センターなどで行われる「校外研修」に分けられる。校内研修では，研究授業を担当するケースもあり，授業後には，参観者から評価を受けることになる。また校外研修では，不登校やいじめ対策などの喫緊の課題や道徳教育もテーマとして取り上げられることが多い。さらに近年は，感染症対策に関する研修，また研修を受ける教職員の負担軽減を目的に，オンラインを活用した研修を導入している自治体もある。

（2）職務遂行能力に応じた研修

なお経験年数ではなく，おおよそ中堅教員の研修には，職務遂行能力に応じた研修としての主任研修などもあり，主として各都道府県・指定都市教育委員会が実施している。また，教職員支援機構でも，英語教員を対象とした英語教育海外派遣研修を実施している。派遣期間も長く，約2か月で，派遣先はアメリカまたはイギリスの英語圏となる。研修内容は，英語教育に関する指導方法などについての研究や，大学などでの専門的な授業，活動への参加である。つまり，優れた研究課題を有する者を選抜して，海外に派遣する研修を実施することで，わが国における英語教育の指導力向上が期待されているのである。

また国際協力機構では，1年に一度，約10日間教師海外研修を実施している。海外研修の目的は，①国内研修と海外研修を通じ，世界が直面する開発課題および日本との関係，国際協力の必要性に対する研修参加者の理解を促進すること，また②研修参加者による学校現場などでの授業実践を通じ，開発課題を自らの問題として捉え，主体的に考える力，またその根本解決に向けた取り組みに参加する力をもつ児童・生徒を育成することとなっている。

（3）長期社会体験研修

長期社会体験研修は，社会の構成員としての視野を広げる観点から，また，対人関係能力の向上を目的として，教員を民間企業，社会福祉施設など，学校以外の施設へおおむね1か月から1年程度派遣して行う研修で

ある。これは開かれた学校に向け，学校と地域社会との連携のために重要
な役割を果たすものと期待されている。

　実際，この長期社会体験研修により，研修を受けた教員の対人関係能力
の向上，学校運営上の効果，意欲の向上，指導力の向上，視野の拡大など
の成果があがっていることが，OECDなどにより報告されている。

（4）免許法認定講習・公開講座・通信教育

　また，いわゆる上進制度として，上位免許状の取得のための学習も，広
い意味での研修に含めることができる。これは，現職教員の研修意欲を高
め，資質能力の向上を図るため，「教育職員免許法」において，所定の在
職年数と免許法認定講習等での単位取得により，教育職員検定で上位の免
許状が取得できる制度である。これは，現職教員の研修が免許状の上位取
得に反映される仕組みとなっている。そしてこの研修は，公立・私立に共
通のものである。

（5）大学院修学休業制度

　教員が国内外の大学院に在学し，専修免許状を取得する機会を拡充する
ため，教育公務員特例法等の一部を改正する法律（平成12年4月28日法律
第52号）が制定され，大学院修学休業制度が創設された。この制度は2001
（平成13）年度より開始されている。

　この制度の対象となるのは，公立学校の教員（教諭，養護教諭，栄養教諭
および講師）である。この制度を利用することにより，一種免許状または
特別免許状を有する者は，任命権者の許可を受けて，専修免許状を取得す
るために，1年を単位として3年を超えない期間，国内外の大学院へ在
学し，その課程を履修するために休業をすることができる。この休業期間
中は，教員としての身分がなくなることはないが，職務からは免除される。
この期間は給与支給の対象とはならない。

　現職教員が休業することで大学院に就学するメリットは，自身の身分を
失わずに，大学院にフルタイムで在学し学ぶことができる，ということで

ある。在学を希望する大学院は教員自身が選択することができる。ここで期待されるのは，これまでの教育活動で培われた問題意識をもとに，教育課題を，大学院での専門的な研究や分析に基づいて理論的・体系的に整理することにより，より高度な実践力を身につけることである。

5．管理職研修　──学校組織マネジメント研修

　学校運営を恒常的に改善していくためには，これからの学校は，校長がリーダーシップを発揮し，そのもとで教職員が互いに協力しながら，各人の得意分野で能力を発揮しつつ，学校運営に積極的に参画し，学校全体が組織として力を発揮していくことが求められている。

　学校マネジメントを行う管理職の能力とは，大きくは「アセスメント能力」と「ファシリテーション能力」に分類できる。

　具体的には，アセスメント能力は，学校経営方針の策定に向けて，学校教育活動に関わるさまざまなデータや学校が置かれている内外環境に関する情報（自らの学校の強み・弱み，昨今の学校教育を取り巻く課題など）について，収集・整理・分析して教職員間や学校運営協議会で共有する力，また，適切な状況・課題把握を踏まえ，新たに取り入れるべき知識や技能に関する教職員間での認識を共有するなどの力である。

　ファシリテーション能力は，多様な背景，経験，専門性等を有する教職員が円滑にコミュニケーションを取ることのできる心理的安全性を確保する力，そして，学校運営協議会などの学校・家庭・地域等の関係者間の協議における学校運営改善に向けた相互作用の促進などの力である。

　つまりこうしたさまざまな力，総合的な力量が，管理職では求められていることになる。

　なかでも，管理職研修全体を貫く大きなテーマは，学内・学外における問題解決能力の育成，学内・学外で協働体制をつくる能力の育成，教職員の志気を高め学校の改善を促す力の育成，状況判断能力の育成などであり，とくに問題解決能力の育成は，日本の管理職研修の大きな課題となっている。

　ちなみにアメリカでもやはり管理職の研修として，問題解決能力の育成が大きなテーマとなっている。そしてアメリカの場合には，管理職免許の更新とかかわって，大学院で主として研修が行われるケースが多かったが，州や学区と大学の協働事業の形態をとるケースも増えつつあるといわれている。

6．校内研修

　教員たちは，学年や教科単位で相互に力量を高め合うよう勉学に励んでいるし，相互に力量が高まるよう切磋琢磨している。その中心的な場所となるのが学校である。しかし，各教員や教員集団が思いつくままに勉学に励んでいるのみでは，組織的に学校全体の教育力を高めることに直接つながるとは限らない。そこで必要とされているのが，個々の学校が課題を設定し，それに教職員が全体として取り組んでいく姿勢である。

　もちろんそのためには，ときには学外の専門家と連携を取りながら取り組んでいくことも重要である。そしてこうした校内研修は，校外における研修にはない特徴がある。それはあとで述べるような研修の経営的過程をもつこと，そのなかで教職員は，職務遂行能力を高めていくこと，そして外部の専門家・関係者を導入する以上，外部と接点をもつ開かれたものだということである。

　もっとも，授業を中心とした全教職員規模の校内研修という意味での研修は，わが国では，すでに明治期から開始されていた。しかし，学校外の専門家・関係者と連携し，課題を解決するための研修を行う視野は，およそ昭和30年代後半から芽ばえてきたものである。具体的なテーマとして，「個性」，「国際化」，「総合的な力」，「生きる力」などがあげられ，教科外の問題としては，「いじめ」，「虐待」，「自殺」など喫緊の課題なども視野に入れられる。

　近年，経営的観点からこうした校内研修で，PDCA（＝Plan, Do, Check, Action：計画・実施・評価・改善）サイクルのプロセスをとることが定着し

始め，これに伴い校内で行われる個人の研修も活発化してきている。

　こうした校内研修の利点は，第一に全教職員間に「わが校」としての意識が芽ばえ，志気が高まること，第二に全教職員間の共通理解にたった実践方法が実施されうること，第三に自身の学校が外に対して開かれたものであり，外部のものを積極的に受容し，また，よその学校に比べて先進的であるといった，教職員間に充実した空気が生まれるということである。校内研修は，文部科学省が近年強調している「チームとしての学校」のまさに要石であるといえる。

§2　教員への道
——教員採用選考試験と就職

1．学校の先生になるとは

　すべての教員がそうであるように，学校の先生になるためには，その学校に見合った教員免許状を取得するだけではなれない。具体的に教諭として採用されなければ，先生にはなれない。

　幼稚園・小学校のような学校の場合，学校を設置するもの（学校設置者）としては2種類ある。1つは，国，都道府県や市町村のような地方公共団体で，国公立学校とよばれる。もう1つは，私立学校で，これらは学校法人という法人がつくるものである。法人は，会社のような特定の目的に向けてつくられる結社であり，普通の人間（自然人と法律上はよばれる）と同じような権利能力（契約を結んだり，土地や建物を所有したり，借金をしたりする能力）をもつ。

　よく「〇〇県（都・府）知事認可（あるいは公認）〇〇幼稚園」といった看板などを目にすることがあると思う。私立幼稚園は，都道府県県知事に

許認可権が与えられているので，こうした看板は都道府県に届け出て認可された幼稚園であることを示している。

　また，幼稚園の場合，例外的に学校法人以外のもの（宗教法人や個人）が幼稚園をつくることが認められている。あくまでもこれは例外的なことである。

　先ほども述べたが，学校の設立運営を目的とする法人を「学校法人」とよび，「理事会」がその経営を担う。その代表者が理事長である。私立幼稚園の場合，理事長と園長が同じ人であったり，違っている場合もあり，さまざまである。

　したがって，具体的に教員＝先生になるためには，公立学校と私立学校の場合で異なってくる。ここでは，幼稚園の教員採用について記す。

2．公立幼稚園の場合

　公立幼稚園は，減少傾向にある。公設民営の園も増加している。さらに，幼保連携型認定こども園の移行も相次いでいる。

　公立幼稚園の教員として採用されるには，「選考試験」に合格しなければならない。この試験の流れを，東京都23区（特別区）の公立幼稚園を元にして説明する。

　東京都23区の場合，区立幼稚園教員の採用にあたっての選考は，各区ごとではなく，特別区人事・厚生事務組合教育委員会（23区の人事などの事務を共同で行う組合）において23区共同で実施する。ただし，採用は，各区の教育委員会が行うので，ほかの市町村よりも複雑である。どのような人材をもとめるのかついては，以下のように示されている。

特別区が求める幼稚園新規採用教員の資質・能力

　○豊かな人間性・社会性と幅広い教養

　○一人一人を生かす専門的力量と実践的指導力

　○教育公務員としての使命感と責任感

● 東京都23区の例
（平成29年実施：平成30年度特別区立幼稚園教員採用候補者選考案内から）

①受験の申し込み （願書の提出）	願書の配布 持参または郵送	4月上旬 5月上旬
②受験票の交付	郵送	6月中旬
③第1次選考 （筆記試験）	①教職・専門教養（70分）択一式・マークシート方式（30問） （幼稚園教育要領，教育関連法規・基準など） ②小論文（90分）事例式・1200字程度 （幼児理解，指導内容・方法，表現力など）	6月下旬
④第2次選考 （実技試験・面接試験）	実技試験 ①模擬保育（お話（ストーリーのある架空の物語）をつくって聞かせる等） ②キーボード演奏・歌唱（課題曲と当日初見の曲に歌詞をつけて歌う。この2曲）	8月中旬
⑤第2次選考結果発表・名簿登載・各区の面接	区教育委員会に対し，採用候補者名簿に登載された者を提示。提示を受けた各区教育委員会が面接等を行い，その結果に基づいて採用者を決定。選考で，一定の基準に達したと判定された者を採用候補者名簿に登載。採用候補者名簿の有効期間は，原則として名簿登載日から翌年度末の3月31日まで。採用候補者名簿への登載は，採用を保証するものではない。	おおむね9月下旬～11月上旬。ただし区の状況によっては4月1日以降もありうる。
⑥採用		原則4月1日

　もう1つ，千葉県浦安市の例を紹介しよう。この自治体は，保育士と幼稚園教諭を別々に採用している。法の建前からは，幼稚園教諭は教諭であるので教育職であり，保育士は一般行政職に区分される。したがって，共同採用することはできないのだが，公立幼稚園を設置する市町村によって

● 千葉県浦安市の平成28年採用試験の例（幼保のスケジュールは同じ）

①願書受付		7月下旬～8月上旬
②1次試験	教養試験（択一式120分） ※専門試験（択一式90分），作文試験（記述式60分）	9月中旬
③2次試験	実技試験：ピアノ演奏，歌唱，絵本読み聞かせ等の試験 個別面接試験：主として人柄，性向等についての個別面接による試験	10月中旬～下旬
④合否発表	文書で通知	11月上旬

は，幼稚園教諭も一般職に位置づけているところも少なくない。国基準の
教育職の場合，教育調整額が基本給の4％分多く支給され，その代わり
残業手当（時間外割増賃金）が支給されない。さらには，研修権が保障され，
研修を受けることが義務づけられるなどの処遇を受ける。浦安市の初任給
を見ると保育士より，幼稚園教諭のほうが若干上回っている。職務は以下
のように紹介さされている。

※専門試験は以下の内容である。
　○**保育士**：社会福祉，児童家庭福祉（社会的養護を含む），保育の心理学，
　　保育原理，保育内容および子どもの保健（精神保健を含む）
　○**幼稚園教諭**：発達心理学，教育学，保育原理，保育内容および法規
　〈**保育士**〉　保育園及び福祉施設等で，保育に関する業務，園児教育に
　　関する業務，福祉に関する業務に従事します。
　〈**幼稚園教諭**〉　幼稚園及び市長部局等で，園児教育に関する業務，保
　　育に関する業務に従事します。

3．私立幼稚園の場合

　私立幼稚園の場合，民間企業がその企業ごとに採用のシステムが違うよ
うに，一様ではない。園によってかなり差がある。図12-1は，東京都私
立幼稚園連合会のホームページに記載された「採用までの流れ」である。
東京都以外の地域でも，おおむねこうした手順で採用へといたるが，園に
よってかなり異なるので十分注意する必要がある。
　以上が，幼稚園教諭への道である。免許が取得できなければ保育者にはな
れないので，大学でより多くの学びを深め，時期に応じて受験勉強も積極
的に取り組んでいこう。
　なお，幼保連携型認定こども園も増加している。全国で6,982園，その
うち公立が，948園，私立が6,034園である（2023〔令和5〕年度）。ここで
は，幼稚園・保育所の両免保有する保育教諭が原則となる。私立の園が多

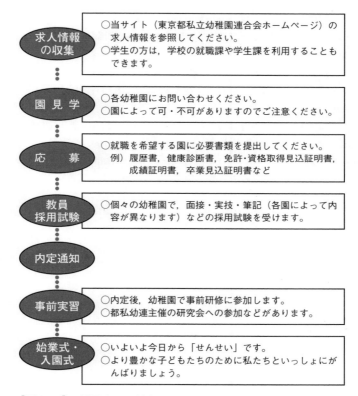

［図12-1］　採用までの流れ　（東京都私立幼稚園連合会ホームページより）

いので，給与など処遇は，労使によって決定されるが，教育・保育の質を維持するために主管庁であるこども家庭庁は，保育費用の「公定価格」を改訂する際に，人件費に充てるべき部分を明確にして通知し，処遇改善に努めている。

【参考文献】
　1）名須川知子・渡邊隆信他著『教員養成と研修の高度化』（国立大学法人兵庫教育大学教育実践学叢書）ジアース教育新社，2014
　2）市川昭午著『教職研修の理論と構造』教育開発研究所，2015

3）文部科学省ホームページ：教員研修の実施体系

4）OECD／奥田かんな訳『教師の現職教育と職能開発』ミネルヴァ書房，2001

5）安彦忠彦他編『新版現代学校教育大事典』ぎょうせい，2002

6）佐藤全・若井彌一『教員の人事行政―日本と諸外国―』ぎょうせい，1992

7）中留武昭『学校指導者の役割と力量形成の改革―日米学校管理職の養成・選考・研修の比較的考察―』東洋館出版社，1997

8）千葉県浦安市ホームページ／特別区人事・厚生事務組合ホームページ／東京都私立幼稚園連合会ホームページ（2018年1月閲覧）

現場からの声

　教職という職業につき、幼稚園や保育所、小学校の保育・教育現場で実際に活躍している先生方の体験談を「現場からの声」として、ここでは紹介します。保育者・教師になり感じる大変さや喜び、そしてやりがいが寄せられています。先輩たちの実体験を参考にし、これからみなさんの目指す教師という職業の具体的な内容について学びましょう。

「みんなが来るのを待っていたよ」

　入園式は新入園児と保護者にとって園生活のスタートを迎える大切な行事です。保護者と離れて座ることを不安がる幼児もいれば、うれしくて仕方がない様子で、興奮してじっと座っていられない幼児もいます。それぞれの幼児の姿を受け止め、どの幼児も楽しく参加することができるように落ち着いた対応が要求されます。保護者は、わが子の入園を喜ぶとともに、教職員の様子にも注目していますので、子どもの成長に期待をもってもらえるようにていねいな対応を心がけます。

　また、進級する在園児にとっては、自分の成長を実感できる機会でもあります。園歌を聞かせてあげたり、幼稚園での楽しいことを紹介したりします。どの幼児も一つ大きくなった気持ちで堂々と参加する姿が見られます。保護者と離れて座る、自分のクラスを知る、友達や担任と出会う……と初めてだらけの入園式ですので、迎える側は最後まで飽きずに興味をもって参加することができるようにさまざまな配慮をします。たとえばパペットやパネルシアターなど視覚に訴える教材を使い、園長のお話を楽しく聞くことができるようにします。また、教職員がお面をつけて動物役になり、簡単な寸劇で職員紹介をすることもあります。また、保護者と離れて座ることがむずかしい幼児に対しては無理に離さず、保護者に近くに座ってもらうこともあります。

　このような臨機応変な対応が必要になる場面も多く見られます。全体を通して長時間にならないように、短い時間でだんどりよく行うことができるように綿密な打ち合わせのもとで臨みます。

　また、当日はできるだけ明るい色合いのスーツを着るように心がけ、柔らかい雰囲気になるように配慮します。教師自身が新しい幼児を迎えることに期待をもち、「みんなが幼稚園に来るのを待っていたよ」という気持ちをもって臨むことが大切です。

（文京区立幼稚園　西郡千晴）

「電車ごっこの子どもたち」

　2歳児クラス「さるぐみ」さんは電車遊びが大好きです。電車を長くつなげて「ガタッガタッ」「ガタンガターン」「ゴタンゴターン」と言いながら思い思いに電車を走らせています。積み木でも電車をつくって遊び、ままごとでは電車に乗ってお出かけごっこ。園庭では外遊び用の電車を長くつなげて、フラフープで電車ごっこ。朝から帰るまで電車づくしの毎日です。

　よく飽きないなあと思ってしまうのですが、大好きな電車遊びのなかで、子どもたちはたくさんのことを学んでいます。はじめは、ただ長くつなげていただけなのに、今では緑色の電車だけで「山手線」をつくり、「これは黄色の総武線でーす」といって黄色だけをつなげたりしています。また、長さや数に興味が出てくると「Aくんは何両編成？」と聞いてくる子もいます。　しかし、まだまだ独占欲の強い2歳児。たくさんの電車を抱えこんで誰にも貸してあげない子。お友達に電車を使われて「○○くんのだって！」と泣き出す子。お友達の電車を壊してしまう子。トラブルはしょっちゅう起きます。

　でも、だんだんお友達に電車を貸してあげたり譲れるようになってきました。お友達の電車とぶつかったときは「どいて」「進んで」と言葉で言えるようにもなりました。トラブルを前にして、電車を壊すのをグッとこらえて、泣きながら自分の思いを言葉で伝えている姿、「これ使っていいよ」と電車を貸している姿を見るととてもうれしくなります。また、「こんど先生もあずさに乗せてあげるね」と言われると思わず抱きしめてしまいます。

　こうした喜びは子どもたちと毎日いっしょに過ごせる保育士だからこそ味わえる喜びです。保育園では保育士がお母さん代わり。大変なこともあるけれど、子どもたちの笑顔に囲まれ、子どもたちの成長をすぐ傍らで感じられるこの仕事が大好きです。

（杉並区立保育所　岡村彩美）

Aくん（3歳児）のお遊戯

　運動会を前に3歳児クラスで、お遊戯の曲を保育室でかけています。

　子どもたちは「えーへんなの」「なにこれ？」と言ったり、「ちょっと踊ってみる？」と聞かれると「やだー」「いいよー」と、とてもにぎやかです。お友達の様子を少し離れたところから見ているAくん。「やる？」と保育者に声をかけられると返事もせず、目をそらしています。やりたくなければ無理じいはしないで、そのまましばらく様子を見ることにしました。

　踊りが決まって、いつもおしりを振ってBちゃんはニコニコ。Cちゃん、Dくんは、時間があると曲をかけてほしいと催促します。踊りに参加する子どもがだんだん増えてきました。しかし、Aくんは一度も入ってきません。ホールでも園庭でも遠くから見ているだけです。いつかきっと加わってくれるだろうと信じながら待っていました。

　運動会の通し練習の前日、「パパとママが本当の日は来てくれるよ。Aくんの踊っているのを見たいって」と声をかけてみました。音楽がスタートしてお遊戯が始まると、Aくんはクラスの輪から少し離れたところで踊っていました。終わってから「いっしょにできたね、先生、うれしかったよ！」と抱きあげると、「しょうがないからやった……」とすました顔で言っていました。

　そして運動会当日。みんな衣装をつけ小道具をもってスタンバイです。笑顔いっぱいの子、緊張して保育者のそばにいる子。曲と同時に走りだし、中央で踊りが始まりました。

　そして……、輪に加わって踊るAくん！　その恥ずかしそうな、うれしそうな顔。クラスみんなのキラキラした瞳はとても印象的でした。　（世田谷区立保育所　富田京子）

「フルーツポンチのために！」

　フルーツポンチのために——これはいつも元気な3年2組の給食の時間の合言葉だ。そもそもの始まりは、クラスの人気者でリーダーシップのあるN君のこんな一言であった。「誰も食べないんならオレががんばって食べるよ……、フルーツポンチのために」。

　私は何のことだかわからず理由を聞くと、給食のお残しが多いクラスはみんなの大好きなフルーツポンチの量を減らされてしまうのだという。同じ学校に通う姉から聞いた話らしいが、きっと姉の元担任がお残しを減らすために使った作戦なのであろう。それを信じてがんばっているなんて……。私は少しおかしくなったが、いいチャンスだと思った！　以前から3学年はお残しが多めだと聞いていたので、この伝説をクラス全体にさりげなく話し、N君のがんばりを褒め称えた。つまり私も同じ作戦に出たのである。するとその日から「フルーツポンチのために」が合言葉となり、給食をがんばって食べる子が増えた。「Nががんばってるんならオレも協力するよ」「そうだよな……フルーツポンチのためだもんな！」そんな言葉が自然と聞こえるようになり、お残しもほとんどなくなった。

　そして決戦の日。みんなはドキドキしながらフルーツポンチが入っている食缶を囲んだ。N君がゆっくりとふたを開け、みんなが覗きこむように中を見た。

　「あっ、多くなってる！」誰かが叫んだ。本当にそうかは謎だが（笑）、その一言でみんなは大喜び！　子どもたちはとても満足そうな笑顔で、「一番頑張ったNは大盛りね！」とうれしいことを言ってくれる子もいた。

　給食の時間といえども、学校現場はいつも感動があり、ドラマが起こっている。なぜなら子どもたちは刻一刻と成長しているからだ。そんな瞬間、私は心からうれしく思い、教師でよかったと思うのである。　　　　（千葉市立検見川小学校　講師：少人数担当　佐々木瞳）

「小学校の遠足で」

　聖徳大学附属小学校では毎年9月に全校遠足に行きます。この遠足で縦割り班に分かれてオリエンテーリングをします。10個のチェックポイントがありそれぞれのポイントでクイズやゲームをします。

　「写真」のポイントでは班ごとの写真をカメラマンさんに撮ってもらい、そのお手伝いをするのですが、これが意外と大変です。気がつくと5つくらいの班が並んで待っているのです。すぐに撮影してもらえるように子たちを並ばせなくてはいけません。待っている間に並び方が変わっている班もあって、やり直すこともあります。決められた時間のなかで48の班の写真を撮らなくてはいけないので、大忙しです。

　大変なことは、やはり児童の安全管理です。出発前、バスに乗る前、現地に着いてから……などポイント、ポイントで人数確認をし、いなくなっている子がいないか確認します。それ以外でも道路を歩くとき、バスの乗り降りのときなど危なくないか目を光らせておかなくてはいけません。何かあってからでは遅いので気をつけておかなくてはなりませんし、けがにも注意しなくてはいけません。

　しかし、大変なことばかりではありません。お弁当のときに子どもたちが「先生これあげるよ」と言っておかずをくれます。これがクラスの人数分もらえるのでそれだけでおなかがいっぱいになってしまいます。

　そして何より遠足でいちばん楽しいと思うことは児童といっしょに活動をし、児童の笑顔を見られることです。大変なこともたくさんありますが、児童の笑顔を見るとつらいことも吹き飛んでしまいます。あの笑顔を見ると教師になってよかったなと思います。　　　　　　　　　　　　　　（聖徳大学附属小学校　教諭　吉次眞理子）

「子どもとともにつくる運動会」

　運動会は幼稚園の一大行事です。友達といっしょに体を動かす喜び、みんなに見てもらう喜び、互いに競い合うことや応援することなどを味わい、やり遂げた満足感や充実感を体験できる大切な行事だと思います。

　この運動会を成功させるためには、事前にたくさんの準備が必要です。どのような競技が子どもたちに向いているか、どうしたら楽しめるかをよく考え、子どもたちの様子と照らし合わせて決めていきます。

　ダンスも同じです。曲を決定するときには教員間で綿密な打ち合わせをするのは当然ですが、子どもたちにも聞かせて、興味がもてるかを考えて決定していきます。実際に指導する際は、踊り方を指導する前に保育室に曲を流して自然になじめるようにしたり、好きな遊びのなかで踊ったりしてみます。そうすることで、踊ることに抵抗を感じる幼児も少なくなり、「おもしろい」「楽しい」と受け入れてくれます。競技もダンスも、保育者が"いっしょに楽しむ"という気持ちでやると、その気持ちは子どもに伝わっていくように思います。運動会を今か、今かと心待ちにできるかどうかは保育者次第です。

　ほかにも事前の準備で欠かせないものがあります。競技で使用する遊具の製作やプログラム、入退場門、ライン引きなど細かなところの準備です。これらも、できるだけ自分たちでつくり上げていくことで運動会への期待を大きくします。

　また、本園では保護者の方々の力添えをいただいています。みんなの期待に応えるように、子どもたちは本番で今までにないくらい素敵な笑顔でがんばってくれます。終了後は、どの幼児にもがんばったことや友達と協力したことに対して十分な認めが必要だと思います。その言葉で幼児の顔はさらに輝きます。一年に一度しかない運動会をみんなでつくり上げていくことで、一人一人の胸のなかに大切な思い出として刻み込まれていくのです。

（岩槻ひまわり幼稚園　須藤里美）

「ボクが言ってあげるよ」── 卒園に向けて

　保育園で行われる行事はいろいろありますが、なかでも運動会と卒園式は特別です。ある年、卒園式でする年長組の劇の取り組みのなかで、こんなことがありました。

　練習を始めた1月の中ごろから、体が弱く休みがちな女の子がいて、練習がなかなか思うようには、はかどりませんでした。最初は、保育者が女の子の代役をつとめていました。しかし、あるとき、クラスの男の子が「ボクが言ってあげるよ」と女の子のせりふを代わりに言ってくれました。そして、練習を重ねるうち、誰が休んでも、その子の代わりをほかの子ができるようになりました。いつの間にか、劇のせりふを全部覚えてしまったのです。

　どの役でも楽しみながら劇ごっこができるようになりました。ほかの子が演じているのを見て、よいところをまねしたり認めたりする姿もでてきました。劇が、どんどん自分たちのものになっていくのがわかります。衣装づくりのときは、みんなのアイディアが生かされ、自分たちでつくりたいという気持ちになりました。休みがちだった女の子も、自分が休んでもみんなが助けてくれるので、そのことが励みになり、余計なプレッシャーもなくなり明るい笑顔が増えました。

　卒園式の当日、子どもたちは全員のびのびと楽しんで劇ができました。そして、たくさんの拍手をもらいました。一つのことをみんなで取り組むなかで、困難も自分たちの力で乗り越えまとまっていく年長クラス。そのような力を引き出す大事な機会が卒園式です。保育園では数々の行事がありますが、行事の日はもちろんのこと、そこに至るまでの過程も大事にしています。そのなかで子どもたちの成長を喜び合いたいと考えています。

（世田谷区立保育所　富田京子）

さくいん ●●●

〈さ行〉

●●● 編者・執筆者一覧

編者

古橋和夫（ふるはしかずお）——第1部 第1章
常葉大学名誉教授

著者

矢萩恭子（やはぎやすこ）——第1部 第2章
和洋女子大学人文学部こども発達学科教授

寺田博行（てらだひろゆき）——第1部 第3章
聖徳大学短期大学部保育科教授

夏秋英房（なつあきひでふさ）——第1部 第4章
國學院大學人間開発学部教授

西　智子（にしともこ）——第2部 第5章§1
聖徳大学大学院兼任講師／元日本女子大学特任教授

塚本美知子（つかもとみちこ）——第2部 第5章§2
聖徳大学短期大学部名誉教授

森田司郎（もりたしろう）——第2部 第6章§1
専修大学法学部教授

野上遊夏（のがみゆか）——第2部 第6章§2
東京家政大学短期大学部栄養科教授

細戸一佳（ほそどかずよし）——第3部 第7章
帝京大学大学院教職研究科准教授

吉田佐治子（よしださちこ）——第3部 第8章
摂南大学全学教育機構教職支援センター教授

柴山英樹（しばやまひでき）——第3部 第9章§1
日本大学理工学部教授

田口康明（たぐちやすあき）——第3部 第9章§2，第4部 第10章，第12章§2
鹿児島県立短期大学商経学科教授

中村　裕（なかむらゆたか）——第4部 第11章
聖徳大学短期大学部保育科准教授

大沢　裕（おおさわひろし）——第4部 第12章§1
松蔭大学コミュニケーション文化学部子ども学科教授

〈装丁〉レフ・デザイン工房

三訂 教 職 入 門
—— 未来の教師に向けて

2007年4月15日 初版第1刷発行	
2008年4月10日 第2版第1刷発行	
2009年11月10日 改訂版第1刷発行	
2017年4月1日 改訂版第10刷発行	
2018年3月25日 新訂版第1刷発行	
2023年4月1日 新訂版第6刷発行	
2024年4月1日 三訂版第1刷発行	

編　者　古　橋　和　夫

発行者　服　部　直　人

発行所　㈱萌文書林

〒113-0021 東京都文京区本駒込6-15-11
tel (03) 3943-0576　fax (03) 3943-0567
(URL) https://www.houbun.com
(e-mail) info@houbun.com

＜検印省略＞

印刷/製本　シナノ印刷（株）

ISBN 978-4-89347-424-7 C3037

日本音楽著作権協会（出）許諾第0703604-419号